AF402856

La Película De Mi Vida

UN VIAJE HACIA EL INTERIOR

Olga Colino Mediavilla

Edición e impresión por BoD – Books on Demand
info@bod.com.es – www.bod.com.es
Impreso en Alemania – Printed in Germany

ISBN: 978-8-4132-6480-6

Dedico

Este libro a toda mi familia, tanto a los que están aquí como a los que no, con mucho cariño y respeto a todos mis ancestros que con sus vidas contribuyeron a que esta película mía se haya podido producir.

También a todas y cada una de las personas con las que he podido compartir esta bonita experiencia y a las que están por llegar y formar parte de mi vida.

Y muy especialmente a Julián, Nacho y Helena junto a los que he podido construir una maravillosa familia y que me han dado lecciones de vida tan valiosas.

Gracias a todos desde mi corazón y feliz viaje.

Valsaín, Mayo 2020.

PRÓLOGO

Querido lector:

Este libro que tienes en tus manos más que una película es un viaje, un viaje de la autora al fondo de su corazón, un viaje de continuo aprendizaje escrito con el alma, directo y sin dobleces.

Espero que tú también disfrutes del libro de tu propio viaje lleno de preguntas para las que sólo tú tienes las respuestas.

Julián Laguna Gallego.

INTRODUCCIÓN

Y así comenzó la escritura de este libro ...

Mientras escribía una mañana, a mitad de la escritura me salió esto:

... (hablando de la muerte)

El tema es que finalizamos una etapa y comenzamos otra. No hay que tener miedo a los finales, siempre son nuevos comienzos.

En realidad, son como las películas, termina una, nos ha gustado o no, da igual, ya veremos otra.

El tema es ser un poco consciente de que esta película nos la estamos montando nosotros.

"La película de mi vida" Se me ha ocurrido este título para escribir un libro.

Ya me ronda esa idea por la cabeza desde hace un tiempo, de hecho, animo a otros a escribir y creo que es porque es lo que yo deseo y no me atrevo a hacerlo. Sin embargo, me encantaría, aunque pienso que quizás no resulta algo interesante lo que yo escriba. Pero cuando escribo cosas resumiendo mis experiencias y mis tomas de conciencia y lo comparto en grupos, a la gente le gusta y le interesa. Además, es como que nunca encuentras tiempo para escribir y, sin embargo, yo ya lo he encontrado gracias a Yolanda. Ahora escribo tres páginas todos los días. Si todos los días escribo tres páginas de mi libro, pronto tendré mi libro escrito y será el primer libro que escriba y no tiene que ser perfecto, maravilloso y un best seller. Aunque puede serlo perfectamente.

Igual interesa a una persona, a dos, a más … y eso qué importa. Yo me habré expresado, habré hecho una cosa nueva y, además, todos somos uno, si interesa a uno, interesados todos.

Decidido, mañana, digo hoy, empiezo a escribir mi libro porque tengo el título y porque me apetece. Hoy ya voy a dedicar mi última página a escribir mi libro, a comenzarlo.

Gracias porque voy a ser valiente y a empezar, sin expectativas, a lo que salga, a disfrutar haciéndolo, a amarme y a amar a otros. Gracias, Gracias, Gracias.

PRIMERA PARTE

LA PELÍCULA DE MI VIDA

Martes, 14 de Enero de 2020

Hola, mi nombre es Olga o María Olga, ya os contaré la historia de mi nombre si me cuadra por el camino.

Hoy estoy emocionada porque comienzo esta nueva aventura, la de escribir un libro. No lo he hecho nunca antes y me he dado cuenta de que hace un tiempo que quiero hacerlo. Últimamente he animado al menos a dos personas a que escriban y lo he hecho de una manera sencilla y contundente, les dije "no necesitas nada, sólo empezar a escribir" y hoy a mí me ha surgido, de repente, mientras escribía otras cosas, el título de mi libro.

Primero lo he apuntado corriendo, pensando en que no se me olvidase y en que quizás, algún día, escribiría un libro y lo utilizaría.

Inmediatamente he pensado que no volvería a leer eso que ahora estaba escribiendo y que ahí quedaría el título de ese libro como tantas otras inspiraciones que he podido tener y no he llevado a cabo.

Ese pensamiento, unido a darme cuenta de que si animo a otros a escribir es porque yo quiero hacerlo, me ha llevado a eliminar excusas y decirme "no necesito nada, sólo empezar a escribir" y aquí estoy, escribiendo, agradecida, ya me iréis conociendo y veréis que ahora lo hago todo agradecida.

Jueves, 16 de Enero de 2020

Han pasado dos días desde que comencé a escribir este libro y aquí estoy, para continuarlo, día 2 que escribo.

Buenos días, vamos a ver qué os puedo contar hoy.

Mi vida, era una vida normal, ¿Cómo son las vidas? ¿Acaso hay vidas que no sean normales? ¿Qué nos hace considerar que una vida es normal o no lo es? ¿Cómo medimos cada uno lo que nos pasa para considerar que es normal o no? ¿Aceptamos nuestra vida tal y como es?

Son algunas preguntas que me surgen en este momento y que, de momento, vamos a dejar ahí.

Mi vida era una vida normal, nací en una familia, con un padre, una madre, dos hermanos que ya estaban aquí cuando yo vine y otro que vendría después que yo. Y, por supuesto, muchos familiares más, abuelos, tíos, primos, incluso una bisabuela que, aunque hoy no recuerdo mucho, sé que estaba viva en aquellos momentos.

Qué afortunada, ¿no?, llego aquí y ya tengo un montón de personas con las que relacionarme y con las que tengo algo en común porque son mi familia.

Sin embargo, nunca me dijeron eso y a mí tampoco se me ocurrió, era como que, al estar ahí, al darlo por hecho, al ser así y "venir de serie" igual no se valora y no le damos importancia.

Tampoco me explicó nadie lo mejor de cada uno, ni tuve ocasión de relacionarme con todos lo suficiente para conocerlos. Simplemente me relacioné con unos pocos, a otros los vi algunas veces, de otros sólo escuché alguna historia o la opinión de otro familiar.

Y con todo eso que veía y oía me creé una imagen para cada uno o, quizás, para algunos, a otros quizás los ignoré y ni siquiera creé ninguna imagen de ellos.

Curioso, ¿no? Un grupo de personas que forman eso que llamamos familia y me doy cuenta de que los conozco muy poco.

Bueno, pues una vez aquí, empecé a tener vivencias. Del principio no recuerdo mucho ahora, supongo que comer y dormir por lo que he visto después en otros bebés. supongo que también oír lo que decían mis hermanos mientras jugaban, lo que les decía a ellos mi madre, lo que mi madre hablaba con mi padre y con otras personas.

Según lo escribo me estoy sintiendo como un anexo de mi madre, algo dependiente totalmente de ella, ahí sin poder hacer nada por mi misma, necesitada de ella para todo, comer, asearme, desplazarme, enterarme de cosas ...

Me siento tan fundida con ella que algunas cosas me llegan muy intensas, sus alegrías, sus enfados, sus nervios, sus emociones en general. Normal, supongo, si dependo de ella, me afecta de algún modo cómo se encuentre porque eso puede afectar a que me pueda atender de un modo u otro.

Sin embargo, no siento muy clara la relación con mi padre. En ese momento no sé cuánto le importo, aunque tampoco sé si me importa él a mí o sólo me importa mi madre porque es de la que dependo.

Curioso, igual sólo me importa lo que pase con mamá que es la que me tiene que cuidar.

Lo que sí me viene es que la gente te mira y pregunta por ti cuando te ven paseando con tu madre. Te lanzan piropos, yo creo que de mí decían que era guapa y buena.

Fíjate, te van catalogando, opinan, creo que si lo escuchas mucho y de personas que te importan, como tu madre, te lo crees y aceptas el papel "guapa y buena" y, además, como ves que a ella le hace feliz, o tú interpretas eso por cómo lo dice, crees que es importante para ella y aceptas el papel y es como que de alguna forma, para complacerla, quizás para te cuide bien, quieres hacer tu papel "guapa y buena".

Y, ¿qué hago ahora para ser buena?

Bueno, tranquila, enseguida empiezan a decirte lo que se puede hacer y lo que no, lo que está bien y lo que no, y te das cuenta de que si cumples todo lo que te dicen "eres bueno". A otros les critican por no ser o hacer lo que se espera de ellos, así que esos "no son buenos".

Qué curioso, ¿no? Cómo nos catalogamos entre nosotros, y da igual si son familia o no, podemos catalogar a cualquiera.

Ahora me pregunto, ¿Qué es eso? ¿Qué es guapa y buena? ¿Será el papel que se me asignó en la película de mi madre? ¿Era lo que ella necesitaba o deseaba? ¿Era importante para ella que yo cumpliera esas cualidades? ¿O fue sólo mi interpretación?

Ahora creo más bien que fue mi interpretación, estoy segura de que ella me amaba incondicionalmente.

Viernes, 17 de Enero de 2020

¡Buenos días!

Ya estoy aquí para seguir avanzando. Gracias si aún estás leyendo mi libro.

Una vez aquí, nacida, ubicada en una familia concreta y como anexo de mi madre, de la que dependía, empecé a aprender cosas y a tener experiencias.

En una primera etapa aprendí a hacer cosas básicas como hablar, andar, comer y empezar a ser un poco autónoma. Le he llamado "cosas básicas" y sin embargo al enumerarlas me han parecido "cosas importantes", "grandes logros".

Estos "grandes logros" me permitieron empezar a interactuar más, empezar a relacionarme con mis hermanos y supongo que algunas personas más.

Empecé a ir al colegio muy pequeñita, con dos años recién cumplidos según me cuenta mi madre. Disculpad, no os he dicho cuando nací. Nací el 19 de Julio de 1969.

Pues, en Septiembre de 1971 empecé a ir al colegio con mis 2 años recién cumplidos. En aquella época no había guardería, había algo llamado "parvulitos" donde se estaba dos años antes de empezar los cursos oficiales por llamarlos de algún modo.

Una vez que empiezas en el cole, ya empiezas a aprender más cosas y también se crea tu primera "gran responsabilidad" porque se espera de ti que cumplas unas normas, unas tareas, realices trabajos y aprendizajes por los que vas a ser evaluado y, en función de esa evaluación, tus padres te felicitan o te regañan.

Yo lo recuerdo más o menos así. Así que el objetivo, muchas veces, es hago bien mis deberes, mis trabajos, estudio y obtengo buenos resultados para que mis padres y mis profesores me feliciten, ya os dije que cogí el papel de "guapa y buena".

Así, si me felicitan y no se enfadan cumplo mejor mi papel y me siento "buena".

Qué curioso, visto y expresado así lo del cole, ahora entiendo lo que me dijo mi hija un día y que me sorprendió mucho en aquel momento. Me dijo "yo estudio para ti". Ella era muy buena estudiante, sacaba buenas notas y, sin embargo, me entristeció mucho que me dijese eso. La expliqué que lo importante era que estudiase para ella, por aprender y disfrutase con ello. Sin embargo, ahora entiendo que nunca antes yo la había explicado eso. La empecé a llevar al colegio cuando llegó su edad y empecé a felicitarla o regañarla en función de sus resultados como hicieron conmigo, eso es un proceso que también aprendí. Incluso le exigía los mejores resultados porque al haber tenido buenas notas yo de pequeña, sabía que eso se podía hacer y no quería que hiciesen menos de lo que podían. Así que hasta se me ocurrió incentivarles por "buenas notas" y les regalaba algunos juguetes si obtenían buenos resultados.

Me resulta curioso observar eso así ahora. En aquel momento me parecía lo normal, sin embargo, ahora veo cuantas cosas me dejé por enseñarles, a estudiar para ellos, a aprender a fallar, a sacar malas notas, a revisar cómo te sientes, a ver qué puedes hacer para mejorar tus resultados, a comprender a los que fallan, en fin …

Y me sorprende más aún pensar en aquello porque mi hija me hizo ese comentario cuando era ya mayorcita, y veo que es un periodo muy largo, muchos años en los que se podrían aprender todas esas cosas importantes que me dejé sin enseñarla y que yo tampoco aprendí.

Bueno, pues volviendo a mis dos años, una vez iniciado el cole, te llega esa nueva responsabilidad, que, por cierto, ocupa bastantes horas de tu día y te metes en una etapa de aprender y jugar. Lo que con más cariño recuerdo son los ratos de jugar. Me lo pasaba fenomenal en el patio del colegio, tengo muy buenos recuerdos, un montón de juegos divertidos vienen a mi cabeza, esos que ahora no se ven frecuentemente en las calles, la goma, la cuerda, el balón prisionero, el escondite, el escondite inglés, los columpios y el tobogán, el beisbol, churro-va.

Me siento un poco antigua recordando eso por tanto como ha cambiado.

Lunes, 20 de Enero de 2020

¡Buenos días!

Y así me pasé unos buenos años de mi vida, en el cole y en casa, aprendiendo cosas, jugando y en cuanto pude ayudando a mamá. Lo recuerdo como una etapa aún muy pegada a mi madre. Siempre iba con ella a todas partes.

Mis relaciones eran limitadas en ese momento, mis compañeras de cole, todo chicas, mis profesoras casi todas mujeres también, mis hermanos (creo que jugábamos a cosas distintas, ellos por un lado y yo por otro), mis vecinos y familiares.

Con los vecinos recuerdo momentos que me encantan, juegos en las tardes-noches de verano, me encanta recordar cómo nos juntábamos chicos y chicas, de todas las edades y jugábamos en la calle.

Me hace especial ilusión y me siento bien al recordar lo de juntarnos de diferentes edades, será que estamos demasiado limitados a relacionarnos sólo con los de nuestra edad, tantos años de cole, sólo con chicas y todas de mi edad.

Ahora creo que te pierdes cosas, quizás te pierdes la oportunidad de ver lo que hacen otros más mayores, eso nos podría dar ideas de cómo hacerlo nosotros y aprender más. Sin embargo, también nos haría sentirnos frustrados porque desde bien pronto nos enseñan a juzgar (lo que está bien y lo que está mal), a criticar a los que "lo hacen mal" o no hacen "lo que deben", a valorarnos por "lo que hacemos", a compararnos y, con ello, a competir y a querer "ser mejor que los demás". Aunque ahora que digo eso, también hay veces que nos enseñan a trabajar en equipo, pero raro. Digo raro porque cuando te ponen un trabajo en equipo, al final es como que se reparten tareas y todo el mundo tiene que colaborar y se mide mucho y siempre parece que surge el o los que no hacen nada y surge también el o los pobrecillos que lo hacen todo y que se van a llevar peor nota porque los otros no se esfuerzan. Creo que estaba enfocado de tal modo que no resultaba ni muy agradable, ni muy útil en cuanto a sacar las ventajas y los aprendizajes de trabajar en equipo.

Me siento muy competitiva si me paro en esa época, queriendo ser buena, queriendo sacar buenas notas para que te feliciten en clase, para que te feliciten en casa. Al fin y al cabo, una manera de destacar y que te quieran. Pero de que te quieran por lo que haces y sólo si lo haces bien.

También lo observo, aquellos años, aquella casa con mi familia, en el cole, en mi barrio, y veo un mini mundo, un mini mundo dentro del gran mundo, un mini mundo con costumbres muy concretas y vivencias muy específicas que contribuyen mucho a cómo ves las cosas, a tu manera de ser, a tus valores y a tus creencias. No ves ni vives otra cosa, así que eso es lo válido y verdadero para ti.

Hoy es lunes y estoy contenta de seguir escribiendo, la verdad es que algunas veces me pregunto si va a ser útil este libro o si le va a interesar a alguien. Y rápidamente me respondo. A mí me está siendo muy útil porque al tratar de resumir mi historia, la estoy observando desde fuera y teniendo la oportunidad de reflexionar acerca de muchas cosas, así que me está sirviendo mucho y he decidido seguir y escribirlo para mí, para que me sea útil, hacer algo para mí es también suficientemente importante y válido.

Luego, si a alguien le interesa, le entretiene, le divierte o lo que sea y lo lee, pues fenomenal y sino también.

El libro ya hace su función desde que lo empieza a escribir el escritor y le hace a él tener esos momentos consigo mismo, esos ratos de soñar, de recordar, de reflexionar, de inventar, son muchas las posibilidades que da escribir.

Gracias si estás leyendo esto y gracias a todos los que leen porque parece que son el motor y el motivo para que los escritores escriban y tengan esos maravillosos ratos con ellos mismos.

Martes, 21 de Enero de 2020

Buenos días mundo, no me siento muy bien hoy. Ayer me acosté mal y hoy me levanto también regular.

Ahí, juzgada queda mi situación, en vez de expresar lo que siento, ya lo he calificado de "mal" sin expresar lo que siento.

Pues ayer sentí ansiedad al llegar a casa del trabajo y preparar a los perros para salir a la calle.

El paseo fue bonito, aunque al final solté un poco a Charly (el más grande de los perros) sin darme cuenta de que estaba allí el vecino y me sentí un poco asustada porque se fue hacia él. Aunque su manera de reaccionar, la del perro y la mía hizo que rápidamente estuviese todo bajo control y no pasase nada. Luego al llegar a casa sentí una profunda tristeza, tenía ganas de llorar y todo. Se me saltaban las lágrimas. Sin embargo, cenando, al hablar con Julián (mi marido) se me pasaba. Cené y me acosté pensando en que hoy quizás se rompería mi rutina, por un lado, no me apetecía al día siguiente hacer nada y por otro como limitada por la nieve para no poder ir a la biblioteca, a yoga, etc.

Y me levanto también un poco triste, no sabía si levantarme. El cuerpo o más bien la cabeza me pide hoy quedarme tirada, pero me juzgo por no estar bien, por perder el día, no me gusta estar decaída, no lo acepto bien.

¿Qué tengo que aprender aquí?

Ha sonado mi despertador y ...

Miércoles, 22 de Enero de 2020

Buenos días,

Pues así, entre juegos, aprendizajes, vivencias familiares y pegada a las faldas de mi madre llegué a la etapa de la adolescencia. Bueno, he de decir que llegué primero a la etapa de la adolescencia de mi hermano mayor. Él se puso bastante rebelde o quizás no. Lo único que sé es que se desencadenó en casa una etapa incómoda, como de lucha. Él intentando hacer cosas distintas, ahora sé que era para reclamar su propia identidad, y mis padres intentando que siguiese sus órdenes y tratando de frenar esas iniciativas suyas. Quizás ahí no entendía a mi hermano y a mis padres tampoco.

Yo sé que no entendí porque luego viví lo mismo con mi hijo y, como yo creía que lo que mis padres habían hecho era lo que estaba bien para papel de padres, pues actué más o menos de la misma manera.

Ahora sé que la etapa de la adolescencia es especial y difícil para el joven y que se puede vivir apoyándole y acompañándole como padre en esa tarea de identificarse y buscar su sitio de adulto tanto en casa como socialmente. Sin embargo, estoy pensando que ese tipo de lucha y la incomprensión por parte de tus padres, también hace que te enfades con ellos y que te quieras separar de ellos, con lo que veo que también favorece de algún modo la independencia del joven.

No sé, quizás cada uno lo vive del modo perfecto para él.

Bueno, pues llegada mi adolescencia, yo lo viví de una manera "dura o difícil" según mi interpretación, claro. Llegado ese momento empecé a despegarme un poco de mi madre y a salir con amigas. En ese punto empecé las batallas por las horas de llegada a casa, como hacía mi hermano, aunque más suave y con el inconveniente de ser chica, porque en mi casa había raseros distintos para chico y chica. También empecé a pasarlo peor con los aspectos económicos. Yo tenía un grupo de amigas con un nivel económico diferente al mío y eso hacía que ellas pudieran tener más ropa y hacer viajes o cosas que yo no podía. Eso me hacía sentir mal, sobre todo porque no estaba acostumbrada a hablar y expresar mis emociones. La diferencia económica lo veía como algo malo y que había que ocultar, en la medida de lo posible. En algún caso decía a algún plan que no iba porque no me apetecía. Con lo fácil que hubiese sido decir no voy porque no tengo dinero. Al decir que no me apetecía, mis amigas intentaban convencerme para que me animase y fuese, que en realidad era lo que yo quería hacer y se hacía más difícil decir que no una y otra vez.

En casa también se volvió la situación más difícil porque tantas batallas de adolescentes lidiadas desde una "mala" relación de pareja, hace que los padres no se pongan de acuerdo, incluso que haya una madre "defensora de hijos" que hasta ese momento no había querido enfrentarse a su marido y revelarse en su mala relación por no generar mal ambiente en casa. Pero que, llegado ese punto, en el que el ambiente está ya descontrolado, aprovecha, se posiciona, se libera y lidia también su propia batalla personal.

Como podréis imaginar, después de contaros la cantidad de años que estuve pegada a mi madre, yo me posicioné en su bando. Me resultó fácil en ese momento porque mientas que con ella había pasado horas y horas conversando, escuchando e interpretando como se sentía, con mi padre no. Veréis que no le he mencionado hasta la adolescencia porque no sé muy bien qué relación tenía con él de pequeña. Recuerdo bien y con cariño algunas mañanas de Domingo en la cama de mis padres con mi padre leyendo el periódico, mis hermanos con sus tebeos y yo con mi recortable de muñecas jugando a vestirlas que me encantaba. Creo que mi madre iba a comprar el periódico y demás. No sé si yo la acompañaba, que parecía su sombra, es igual, para mí lo importante es el momento de juego y que mi padre está ahí presente.

También recuerdo que él me enseñó a montar en bicicleta, aunque con una bici un poco grande para mí, que no manejaba bien y recuerdo pasar un gran miedo cuando me soltó y al mirar para atrás pensando que lo tenía allí sujetando mi sillín, lo vi tan lejos, me sentí en peligro y creo que le odié por soltarme.

Con el paso de los años me he dado cuenta de que había confiado en mí, me vio preparada y me soltó para que pudiera hacerlo sola y no dependiera de él.

También recuerdo las tardes de sábado cuando venía mi tía Emi a casa. Ella es hermana de mi madre y no se casó, vivía sola en Madrid. Así que venía mucho a casa y traía bollos. También comprábamos algunos frutos secos y pasábamos la tarde de merendola y jugando a juegos de mesa. Ahí compartía buenos momentos con mi padre porque él estaba presente y el ambiente era bueno, mi tía animada y risueña y él también. Nos picábamos con los temas del juego, pero era divertido.

Y, por último, recuerdo los Domingos en los que venían a comer mis abuelos, ahí tengo una sensación agridulce porque, aunque mi padre iba contento a buscarlos para traerlos a comer, eran sus padres, recuerdo a mi madre que no lo disfrutaba tanto, a menudo enfadada con mi padre y disimulando su enfado delante de mis abuelos.

Jueves, 23 de Enero de 2020

¡Buenos días!

Volviendo a mi adolescencia, además de lidiar con la carencia económica, empecé a abrir mi mundo y mis relaciones, que hasta ese momento habían sido muy limitadas. Cambié de mi colegio de toda la vida, ese en que llevaba desde los 2 años, que pegaba pared con pared con mi casa, de monjas, sólo chicas, a un instituto bastante alejado de casa.

Recuerdo que algunas amigas de mi barrio que también se cambiaron allí iban en un autobús del instituto, sin embargo, yo tenía que coger 3 autobuses públicos para llegar hasta allí. Yo no contraté ir en el autobús del instituto para ahorrar porque eso era un gasto extra. Sin embargo, los tres autobuses que yo cogía me salían gratis porque tenía un pase especial porque mi padre trabajaba en la empresa municipal de transportes. Eso me hacía madrugar bastante para poder llegar a clase a tiempo. Además de la lejanía, el instituto era mixto, como decíamos antes, de chicos y chicas. Toda una experiencia empezar a relacionarse con chicos que no fuesen tus hermanos o los pocos vecinos del barrio con que me relacionaba, que eran como familia también.

Otro cambio que recuerdo es pasar de un entorno controlado en el que tienes mucha supervisión de monjas, profesores, con normas estrictas y donde todos conocen a tus padres, les ven y les informan de todo, a un entorno en el que hay mucha libertad, nadie te conoce, nadie te controla y tú eres el responsable de tu asistencia a clase, de tus resultados y todo. Un cambio bastante brusco, pero ya era el último año antes de la universidad y yo lo había elegido.

Mi colegio era privado-subvencionado y el último año no tenía subvención. Así que era el momento en el que había que decidir si continuar ahí o marcharse por el tema económico. Una suerte para mí tener recursos económicos limitados en ese momento porque me permitió hacer lo que quería. Estaba cansada ya del formato de mi colegio y quería vivir cosas nuevas.

Bueno, pues una vez allí, viví un año de aventura, de descontrol, de salir del cascarón, de rebeldía, de faltar a clase, de divertirme y disfrutar de las nuevas amistades y de nuevas experiencias.

El resultado académico no fue muy bueno, así que como valoré la situación y no quería estar un año más desplazándome hasta allí, decidí estar todo el verano estudiando para aprobar todo en

Septiembre y poder hacer el examen de acceso a la universidad.

Y así fue, aprobé en Septiembre las cuatro asignaturas que había suspendido.

No me sentí bien con mi papel de ese año, lo pasé bien, pero estaba todo muy enfrentado con lo que yo consideraba "ser buena" que, como ya he comentado, era parte del papel que había aceptado desempeñar. La parte de guapa la estaba cumpliendo bien porque tenía éxito con los chicos, pero la de buena no.

Con mi actuación del verano, encerrada casi todo el día estudiando creo que tranquilicé un poco mi conciencia y me sentí volver a mi sitio, volver a actuar de manera responsable.

En realidad, veo que no fue sólo un aprobar asignaturas, fue un elegir qué camino seguir y opté por volver a hacer las cosas como antes pero quizás no obligada sino elegido por mí. Ahí vi que podía hacerlo de otro modo pero que prefería el formato de la responsabilidad.

Me siento agradecida ahora con esta nueva visión, creo que siempre me he juzgado muy duro por ese año y ahora veo que fue necesario para cambiar mi mentalidad, para saber que había otras cosas y otra manera de actuar y que tenía acceso a ello, sin embargo, decidía voluntariamente no ir por ese camino.

Lunes, 27 de Enero de 2020

¡Buenos días!

Tras unos días sin escribir, aquí estoy de vuelta. Os seguiré contando como evolucionó mi vida.

Yo era la tercera adolescente en mi casa, por la poca diferencia de edad estábamos adolescentes los tres mayores a la vez. La verdad es que a mi hermano pequeño no le recuerdo adolescente, no sé si las circunstancias le hicieron pasar de niño a adulto directamente y se saltó esa etapa o es que yo no le presté atención porque estaba muy pendiente de mis cosas.

Bueno, pues con tres adolescentes en casa las cosas no mejoraron, la situación se tensaba cada vez más. Llegado un momento, no sé el motivo, quizás por la incomodidad y no saber qué hacer con esa situación, mi padre se fue de casa. Inicialmente fue un impacto porque es algo que no te esperas, aunque poco después fue como un alivio porque en casa se vivía un ambiente más tranquilo. Mi madre más comprensiva y relajada. Mi hermano mayor a su aire, con su trabajo, su novia y sus amigos. El segundo muy centrado en sus estudios, muy responsable, con trabajos esporádicos para sacar algo de dinero y dedicando muchas horas a estudiar para obtener los mejores resultados en su carrera.

Mi hermano pequeño estudiando y trabajando, lo dicho, empezó a trabajar con 16 años, compaginándolo con los estudios, super responsable, pacífico, sin protestar nunca por nada, creo que era un elemento de paz en mi casa y allí estuvo como un auténtico adulto, sosteniendo esa situación, siempre comprensivo y muy cabal.

Yo, por mi parte, tras el año loco de instituto, también me centré, empecé a salir con el que hoy es mi marido. Fue algo que me ayudó mucho en aquellos momentos, un foco de gran ilusión, un gran apoyo, mi refugio. Una persona buena en la que podía confiar, con quien podía compartir como me sentía, con quien pasar todos mis ratos buenos y también los difíciles.

Por esa época también empecé a trabajar. Aunque lo hice un poco por necesidad familiar y personal, me encantó la experiencia. Me sentí muy bien en el trabajo, con mis 18-19 años y con mucha ilusión, aprendía muchas cosas y aportaba todo lo que podía para hacer bien mi trabajo. En lo económico estaba muy contenta también porque podía ayudar en casa y además salir, vestir como quería y pagarme mis estudios.

Pasado un tiempo, que no recuerdo ahora cuanto fue, mi padre y mi madre hablaron y decidieron que mi padre volvía a casa.

Para mí fue un gran impacto porque me había tomado tan mal lo de su abandono y estaba tan enfadada que no fui capaz de perdonarle en aquellos momentos, me sentía indignada y furiosa y decidí no hablar a mi padre cuando volvió a casa. Es duro y trabajoso vivir con alguien en una casa pequeña y tratar de no coincidir con él y no dirigirle la palabra. Era como mi única forma de decirle estoy muy enfadada y muy dolida por lo que has hecho. Me has hecho mucho daño y ahora te castigo y te lo devuelvo ignorándote, como si no existieras.

Una especie de revancha, tú me has abandonado, pues ahora te abandono yo a ti. Ya no te quiero, me protejo para que no me hagas más daño, no te mereces mi cariño, eso no se hace, no te comprendo. Me creé un caparazón, un caparazón bien duro y fuerte para que él ya nunca más volviera a traspasarlo y no me hiciese daño. Y me puse espinas que siento que salían de mí cuando lo sentía cerca.

Miércoles, 29 de Enero de 2020

Y desde luego lo conseguí, él no volvió a hacerme más daño nunca y no hizo falta, ya me lo hice yo. No me di cuenta, creo que no he sido consciente del todo hasta ahora que lo he escrito. Llevo 3 años recordando ese momento, como se alargó esa situación, las implicaciones que tuvo para mí y para otros mi manera de actuar, dándole una nueva visión para poder pasar página y hoy me he dado cuenta de que me seguía doliendo y me he preguntado ¿Por qué no me puedo perdonar? Si ya he comprendido a mi padre y como actuó, si ya me he comprendido a mí como adolescente y como lo viví ….

Y la respuesta ha sido fácil: No me puedo perdonar, igual que no pude perdonarle a él, para vivir también esa situación de que no te perdonen y cómo se siente uno. En definitiva, para comprender a mi padre, para comprender cómo pudo sentirse él el resto de su vida sin mi perdón.

Así que, como creo que con cometer ese error una vez es suficiente, voy a perdonarme y así libero mi dolor y mi culpa. Y así, aprendiendo a perdonar, seré capaz de perdonar si vuelvo a necesitarlo y quizás deje de protegerme y me sienta más capaz de abrirme y disfrutar del cariño de los demás.

¡Buenos días!

No lo he dicho antes porque sentía que tenía que cerrar la historia. He estado sin escribir casi 48 horas desde que solté aquí el enfado, eso que nunca dije y así pasar mi dolor hasta poder perdonarme para poder continuar.

Como veis, voy y vengo, recupero capítulos de mi vida, os los cuento y si tengo que solucionar algo lo voy solucionando.

Muchas gracias por acompañarme en este proceso.

Y así pasé unos años trabajando, estudiando, saliendo con mi novio y con buenos amigos.

Una etapa tranquila en la que tenía éxito en lo que hacía, tenía una buena situación económica, me divertía en mi trabajo, estaba a gusto en casa, estaba muy bien con mi novio y nos divertíamos saliendo con buenos amigos.

Durante esos años mi objetivo fue el de "situarme" y conseguir todo el pack de adulto que me habían transmitido que había que tener para formar bien una familia:

- Estudios
- Trabajo estable
- Una casa
- Un novio

Así que, con paciencia y diversión, pasamos un montón de años de novios y cuando tuvimos la casa, que fue lo último en conseguir, decidimos casarnos para formar una familia.

Ahí empezó todo el proceso de preparativos de boda. Lo decidimos en Diciembre de 1994 para casarnos en Septiembre de 1995. Teníamos casi un año para preparar todo, pero teníamos la idea de que la iglesia y el restaurante había que reservarlo con mucho tiempo y así lo hicimos.

Recuerdo bien cuando lo comunicamos en mi casa, no se me olvida la reacción de mi madre que, al decirle que nos casábamos, me respondió ¿Ya? Y yo dije "hombre, tengo 25 años y llevamos 8 años de novios, yo creo que está bien".

Yo necesitaba mucho esa respuesta de mi madre en ese momento, necesitaba justificarlo porque en mi interior había una alegría amarga, estaba muy contenta por formar mi familia y, a la vez, estaba tan apegada a mi madre que sentía que la abandonaba y me resultaba duro.

Jueves, 30 de Enero de 2020

¡Buenos días!

Veo que me he saltado la separación de mis padres, así que voy a abordarlo...

Pues bien, una vez que mi padre volvió a casa y yo decidí no hablarle y no perdonarle, la situación se hizo muy complicada. Se genera una tensión muy grande con una situación así. Es muy complicado convivir con alguien y tratar de ignorarlo, va totalmente en contra de nuestra esencia y también iba en contra de mis valores, por lo que no lo pasé bien actuando así.

Entre mis padres las cosas tampoco mejoraron, todo lo contrario, eso había creado un resentimiento y las cosas empezaron a ir de mal en peor día a día, hasta que mis padres se separaron.

En principio fue un alivio porque en casa se había generado una situación de tensión insoportable, era como una batalla o así lo viví yo. Yo tenía muy claro en ese momento en que bando estaba, así que continué al lado de mi madre, apoyándola y ayudándola, como sabía en ese momento, a salir de esa situación.

Por otra parte, yo tenía a mi novio, mi gran apoyo fuera, con el que podía desahogarme y compartir todo, una vía de escape necesaria porque aquello me costaba admitirlo y compartirlo con otras personas. Iba muy en contra de la educación religiosa que había recibido en mi colegio de monjas desde los dos años y sentía vergüenza. En aquel momento, para mí, era algo grave y vergonzoso el hecho de que se separasen tus padres.

Sin embargo, revisándolo después, he comprendido que eso fue en realidad lo que nos dio otra oportunidad. La oportunidad de empezar a vivir de una forma nueva, con una nueva situación familiar, a relajarnos. En ocasiones cuando no se sabe cómo cambiar una situación que te está haciendo daño, a ti y también a otros, una opción es alejarse de esa situación y crear así una nueva oportunidad para ti y los demás. Creo que eso es lo que tengo que agradecer a mi padre.

Aunque un día le consideré un egoísta por irse de casa en aquel momento y "abandonarnos", ahora he conseguido verle como un valiente, el que salió de su zona cómoda, de su casa y creó la oportunidad para él y para los demás de seguir viviendo de otra forma.

Ya no creo en los matrimonios para toda la vida, sólo porque uno se ha comprometido a eso en la iglesia. Creo en matrimonios, parejas y convivencia en el amor, mientras eso sea posible.

Hoy sé que Dios nos quiere libres, viviendo en el amor y en armonía, no entiende de contratos ni tiene necesidad de que los cumplamos. No castiga, no se enfada, no tiene necesidad de que hagamos tal o cual cosa, simplemente nos ama tal como somos y hagamos lo que hagamos, sabiendo Él que eso es lo mejor que sabemos hacerlo en ese momento y que estamos experimentando y aprendiendo.

Sí, no se aprende sólo en la epata escolar, estamos toda la vida aprendiendo con cada pensamiento, con cada emoción y con cada acción. Podemos aprovechar ese aprendizaje o ignorarlo y quedarnos estancados viviendo en "nuestra rutina" con "nuestras penas y alegrías" pensando que todo es así y que es lo que nos toca y que no podemos hacer otra cosa.

Da igual, Él también respeta eso, todos los papeles son necesarios para crear el equilibrio.

Jueves, 13 de Febrero de 2020

¡Buenos días!

He pasado unos días sin escribir, podría darle muchas justificaciones externas, pero prefiero mirarme de frente y reconocer que he tenido que quedarme unos días en pausa, asumiendo la separación de mis padres, cosa que en su momento no hice.

Es bonito poder hacer las cosas que tienes pendientes en cualquier momento, ver que el tiempo no existe, que lo manejamos nosotros como queremos, que vamos y venimos, que podemos dejar un capítulo abierto porque no nos sentimos con fuerzas o recursos en ese momento para afrontarlo y que también podemos volver a él cuando queramos, cuando ya hayamos conseguido esos recursos que necesitamos y cerrarlo y quedarnos en paz.

Pues bien, voy a continuar por los preparativos de boda. Fue casi un año de mucha ilusión, de preparar cosas, de elegir detalles, me sentí muy acompañada, ayudada y apoyada por todo mi entorno. Familia y amigos colaboraron, el proceso de preparar la boda y el propio día me resultaron fantásticos.

La relación con Julián era fácil, siempre estábamos bastante de acuerdo en todo, disfrutábamos mucho eligiendo las cosas para nuestra casa o los detalles para el día de la boda.

Así empecé una nueva etapa de mi vida, esa en la que parece que te has hecho adulto e independiente y empecé a vivir fuera de casa, con mi marido, Julián.

Te surge en ese momento una nueva situación extraña. Por una parte, ya no tienes que hacer las cosas como dicen tus padres, es decisión tuya como hacerlas, eres libre para llevar tu casa y tu familia. Sin embargo, no sé qué pasa, pero yo me empeñé en hacerlo igual o muy parecido a como lo hacía mi madre. Le preguntaba las recetas de cocina y sin darte cuenta, repites un poco el patrón de lo que has vivido.

Es curiosa esa primera etapa de casados, estás muy libre y a la vez te han nacido un montón de responsabilidades que antes no tenías o que no eran directamente tuyas, como la organización y limpieza de una casa y todo tipo de papeleos respecto a tu casa y su mantenimiento, compra y organización de comidas.

También nos surgió la alegría de compartir nuestra nueva situación con familia y amigos y pasamos una etapa organizando cenas y comidas con amigos o familiares para enseñar nuestra casa y para compartir con ellos. La verdad es que nosotros en 8 años de novios habíamos explotado bastante la casa de otros amigos que se habían casado antes que nosotros y ahora nos apetecía mucho compartir nuestra casa con ellos.

Después de un periodo, no muy largo, de adaptación a la nueva vida y de disfrutarla, me nacieron las ganas de ser madre y se lo planteé a mi marido. A él le pareció un poco pronto, pero con mis argumentos y razonamientos pronto le convencí y estuvo de acuerdo en que buscásemos nuestro primer hijo.

Y la vida nos ayudaba en todo, y en apenas 2 o 3 meses desde que lo decidimos, ya estábamos embarazados.

Recuerdo esos 9 meses de embarazo como una de las mejores etapas de mi vida. Es una experiencia única vivir sabiendo que hay otra vida dentro de ti. Siempre me ha parecido un milagro el proceso de reproducción, cómo cada uno de nosotros está aquí con este tamaño, con sus características particulares a través de otros, partiendo de unas células tan pequeñas, un proceso tan complejo y perfecto que permite crear vida nueva.

Me sentí muy feliz al comprobar que estaba embarazada.

Viernes, 14 de Febrero de 2020

¡Buenos días!

La noticia para la familia fue una gran alegría. Era el primer nieto para la familia de Julián y en la mía hacía pocos días que mi hermano mayor y mi cuñada habían anunciado también que estaban embarazados. Así que había alegría por partida doble.

Los nueve meses de embarazo fueron fantásticos, muy centrada en mi trabajo, en descansar, en disfrutar, en seguir mi embarazo semana a semana con un libro que me contaba los detalles de cómo iba creciendo y variando mi bebé y preparando todas las cosas para el momento de su nacimiento con mucha ilusión.

Muy pronto, en una de las primeras ecografías nos dijeron que era un niño y nos lo confirmaban cada vez que volvíamos a revisión. Estuvimos pensando y eligiendo nombres para él. Los finalistas fueron Pablo y Nacho y, finalmente nos decidimos por Nacho.

Nacho era el nombre que nos gustaba y como queríamos llamarle, pero por aquello de los formalismos, se nos ocurrió que quizás algún día quisiese un nombre "más formal" y decidimos inscribirle como Ignacio. No sé qué nos pasaba por la cabeza para considerar que Nacho no es formal. En fin, las complicaciones de los humanos por querer hacer todo bien y controlar presente y futuro.

Cuando llegó la fecha aproximada en la que tenía que nacer, parece que no se decidía y el ginecólogo fijó una fecha para provocarme el parto si no había nacido antes. Recuerdo que me citaron para ingresar un viernes 7 de marzo a las 8 de la mañana.

Con toda tranquilidad, estuve trabajando hasta el jueves anterior. Tenía la bolsa del bebé perfectamente preparada, también mi maletita y allí nos fuimos con una sensación extraña, sin las prisas del momento del parto que ves en las películas y sin dolores, como si fuésemos de fin de semana.

Una vez en la clínica, comenzaron a prepararme, nos instalaron en una habitación y me pusieron el goteo para provocar las contracciones. Las contracciones empezaron pronto y allí estuvimos mi marido y yo sufriéndolas, yo en directo y él de manera colateral porque estaba de pie a mi lado y yo le presionaba la cadera cada vez que venía una nueva contracción, en vez de gritar o expresarlo de otro modo, así compartía mi dolor con él. De vez en cuando pasaban a revisarme y nada, la cosa iba lenta y así pasaron las horas.

Desde las 9 de la mañana con los dolores, yo tenía claro que no quería epidural. Había ido a clases de preparación al parto donde te explican, entre otras cosas, los beneficios y perjuicios de ponértela y había decidido que no quería. Me parecía mejor para mi niño y quería lo mejor para él.

Y así, dolor tras dolor, pasamos el día, los tres juntos en aquella habitación.

A las 18:45 vino a visitarme mi ginecólogo y al mirar el monitor dijo la frase que ya nunca se borraría de mi memoria "Cesárea de urgencia, el niño está sufriendo".

Fue un impacto terrible, yo podía asumir mi dolor y mi sufrimiento, pero no que sufriese mi niño.

Martes, 18 de Febrero de 2020

¡Buenos días!

Unos días parada en este punto, asimilando la frase, ha estado bien. En aquel momento no pude hacerlo, no había tiempo para explicaciones. Rápido, siguiendo las instrucciones del ginecólogo, me llevaron al quirófano, y a las 19:10 ya había nacido mi niño. Bueno, le habían sacado, no sé cómo se siente uno de obligado y empujado cuando te fijan el día de nacimiento y te lo hacen pasar mal para que salgas, sales sufriendo y por una vía que no es la habitual.

Yo finalmente no tuve anestesia epidural, pero tuve general, así que no me enteraba de mucho, no pude ver a mi bebé, sólo sentía mucho dolor de tripa cuando desperté. Una enfermera me dijo que era normal porque me habían abierto.

Y así, adormilada, con mi dolor, confundida, llegué a la noche y dormí. Me desperté muy temprano, despejada con ganas de ver a mi niño, sabiendo que yo aún no podía moverme y alerté a Julián. Le dije "despierta, prepárate, nos van a traer al niño y yo no podré atenderle".

Así fue, en una cunita preciosa de la clínica con forma de cigüeña trajeron a nuestro niño. Su carita preciosa y redondita, era el ser más lindo que yo había visto en mi vida.

Recuerdo que mi madre llegó también muy temprano a aquella habitación, algo la había impulsado como a mí para ver a su niño. Pudimos disfrutar de él un ratito los tres, lo recuerdo bastante corto.

Pronto llegó el pediatra, un señor entrañable y seguro, con pasión por su trabajo y la vida de los niños. Nos informó que como había tragado líquido, aunque le veía bien, quería hacerle una radiografía de los pulmones para asegurar que todo estaba bien. Se lo llevaron y ya no volvió, tenía infección en el pulmón. Nos informó el pediatra que era un niño muy fuerte y que por eso había pasado la noche en el nido y le había engañado por su aspecto y al comer por boca pero que tenía que estar en incubadora con tratamiento y que no podía garantizarnos nada, había que esperar y ver su evolución.

Ahí empezaron los peores y más largos 11 días de mi vida. Nada salía según lo esperado después de un embarazo perfecto.

Yo contaba con un parto feliz y con ir a casa con mi niño donde teníamos todo preparado para él y, sin embargo, ahí estábamos desolados en una habitación de la clínica, sin niño. Nacho sin poder disfrutar de su cunita ni de sus cosas, en una cajita transparente, separado de sus padres de repente, sin poder recibir abrazos ni contacto alguno con sus papás y familiares. Recibiendo, a cambio, pinchazos para sus antibióticos. Recibiendo las visitas desde muy lejos, a través de unos cristales, no sé si él se enteraba de que lo visitábamos 2 veces al día que era lo que nos permitían.

¿Cómo se siente uno después de 9 meses en la tripita de mamá, escuchándola hablar, con sus caricias, escuchando a papá, con sus caricias a través de la tripa, si llegas a este mundo exterior con ese sufrimiento, te separan de tus padres, pierdes todo el contacto con ellos, te instalan en una urna y te hacen cosas que no entiendes pero sabes que no te gustan porque no son agradables y no entiendes nada porque no sabías lo que te esperaba pero eso no te resulta agradable y posiblemente hasta te da miedo?

No lo sé, siempre me he focalizado en cómo me sentía yo y lo mal que lo pasé viendo sufrir a mi niño y con la incertidumbre de no saber si todo saldría bien. Sin embargo, ahora veo que su situación era mucho peor. A mí me informaba el médico, tenía visitas de familiares y amigos y, sobre todo, tenía el apoyo constante de Julián. Siempre a mi lado, dispuesto a escucharme, compartiendo todos esos duros momentos, unidos, afrontándolo lo mejor que sabíamos.

Sin embargo, ¿qué tenía mi niño?, muchos cuidados de enfermeras y médicos maravillosos, a los que yo estoy muy agradecida. Y posiblemente para él esos cuidados eran ataques, peligros, estaba fuera de su entorno, con personas desconocidas que le pinchaban para ponerle una vía en el ombligo, que se la quitaban del ombligo porque tantos días no era bueno ahí por riesgos de infección, que se la pinchaban en la cabeza, que le ataban las manos a las paredes de la urnita porque era fuerte y se lo arrancaba.

No creo que él en ese momento lo viviese como cuidados cuando venía de un mundo en el que los cuidados eran fáciles y seguros, sin intervenciones de nadie y sin dolores, flotando allí cómodamente en la tripita de mamá y con todo lo necesario para ir creciendo.

Creo que esa separación tan brusca no nos vino bien a ninguno de los tres.

Miércoles, 19 de Febrero de 2020

¡Buenos días!

Sin embargo, el resultado final fue bueno, tras 11 días de ingreso en incubadoras, por fin le dieron el alta y pudimos llevarnos a nuestro hijo a casa para disfrutar de él.

Disfrutábamos mucho porque era un bebé muy fácil de cuidar, comía muy bien, dormía bien, sonreía, engordaba, se le veía aprender con rapidez. Todo lo que tranquiliza a los padres porque ven a su niño sano y feliz, lo tenía él, así que estábamos encantados y disfrutando.

Luego llegó el momento de volver a trabajar. Después de la baja, progresivamente, antes de volver al trabajo, por recomendación del pediatra y siguiendo sus indicaciones, le quité el pecho y le preparé para que pudiese alimentarse sin depender de mí.

Estuvimos un tiempo cuidándolo entre mi marido y yo que teníamos los horarios de trabajo de tal modo que nosotros no coincidíamos mucho, pero podíamos encargarnos de él. Julián lo cuidaba por la mañana y yo por la tarde.

Cuando tenía 6 meses, a mí me surgió un cambio de trabajo y como no estaba muy contenta con el que tenía, acepté el nuevo. No sé si yo no lo valoré bien o no me lo explicaron tal como era. El caso es que me vi en un trabajo con un formato muy exigente, de horarios amplios que no me permitían estar con mi niño todo lo que yo quería, ni cuidarlo como me gustaría.

Él estaba en buenas manos porque por las mañanas estaba con su padre y por las tardes hasta que yo le recogía estaba con sus abuelos, unos días con mi madre y otros con mis suegros. Sin embargo, yo no me sentía bien, salía tarde de trabajar, llegaba a buscarle más tarde de lo que quería, teníamos que desplazarnos hasta nuestra casa y, a veces, se quedaba dormido por el camino y no podía bañarle y darle la cena.

En realidad, viéndolo ahora en la distancia, no me parece nada grave, estaba muy bien cuidado y en buenas manos. La única que no estaba bien era yo, el trabajo me gustaba y me lo pasaba bien porque coincidí con unos compañeros estupendos con los que aún hoy tengo relación. Sin embargo, me sentía "mala madre" por no atender a mi hijo como yo pensaba que tenía que hacerlo.

Pues bien, no sé cómo en esa vorágine de trabajo, de creerme que eso no era bueno para mi hijo, me planteo que ya es el momento de tener otro hijo, para que tenga un hermano. Yo tenía 3 hermanos y no me parecía bueno en aquel momento lo de ser hijo único. Así que tras comentarlo con Julián y estar los dos de acuerdo, consultamos con el ginecólogo por lo de la cesárea y comenzamos a buscar nuestro segundo hijo.

Yo quería una niña porque ya tenía un niño y porque me parecía que era una relación muy especial la que tenía yo con mi madre y me apetecía tener una hija también por eso, pensaba que era diferente la relación con las hijas que con los hijos.

Sin embargo, no sabía si tendría esa suerte, quizás porque yo era la tercera y mi madre siempre recalcó que menos mal que cambió a niña en el tercero porque, sino, decían que ya no se cambiaba hasta el quinto.

Así que, si se consideraba una suerte que te viniese la niña en el tercer hijo, yo consideraba super suerte que te viniese en el segundo.

Pues bien, aunque no tan rápido como con el primero, tampoco tardamos demasiado en quedarnos embarazados y cumplir de nuevo nuestro deseo.

Sin embargo, tras la gran ilusión del nuevo embarazo, vendría el gran susto.

Cuando no estaba aún de tres meses, una tarde-noche que volvía del parque con Nacho y mi madre, comencé a sangrar. Sabía que aquello no era bueno, así que dejé a Nacho con mi madre y mi hermano Félix me llevó a la clínica.

Ahí comenzó mi segunda pesadilla en lo que a hijos se refiere. Si con Nacho había sido en el momento del nacimiento, tras un perfecto embarazo, ahora era en el propio embarazo. Aún no sabíamos siquiera si era niño o niña y poco importa en esos momentos, la verdad.

Tras revisarme en la clínica me dijeron que había tenido un pequeño desprendimiento y que tenía que guardar reposo absoluto para tratar de mantener la vida de mi bebé, aunque había que esperar y ver la evolución porque no podían garantizarme nada.

Es impresionante como amas ya a esa nueva vida tan chiquitita que hay dentro de ti y que consideras algo tan grande al mismo tiempo.

Tan grande como ese amor es el miedo que te entra cuando te hablan de la posibilidad de perderlo.

Viernes, 21 de Febrero de 2020

¡Buenos días!

Nos instalamos en casa de mi madre para poder hacer el reposo absoluto y que mi niño estuviese atendido. Aún no tenía los 2 años, lo que sí tenía ya era mucho movimiento y necesitaba atención constante que yo no podía darle.

Yo metida en cama con mi miedo a perder mi embarazo, iba día a día enfrentándome a ese duro momento de ir al baño, me aterrorizaba pensar que podía ver que había sangrado de nuevo.

Cada día que pasaba era una nueva victoria, aún sin garantías de que todo fuese a ir bien, pero con la alegría de superar un día más y el miedo a la incertidumbre.

Conforme fui haciendo revisiones médicas, nos dijeron que parecía que era una niña, aunque no nos lo podían garantizar, en realidad no nos lo confirmaron hasta el séptimo mes de embarazo.

La verdad es que todo pasa a un segundo plano cuando intentas mantener su vida, lo demás es secundario, te puedes adaptar, bajan tus necesidades y expectativas.

Pues como veis, afortunadamente, pasaron los días y los meses, todos deseando que esa niña viviese, porque además de mi interés, allí tenía a mi marido, a mi madre y a mi hermano pequeño, Félix, cuidándome y cuidando de mi hijo para que todo saliese bien. Y también el resto de la familia, pendientes todos y deseándonos lo mejor.

Todo eso unido a las ganas de vivir que tenía mi pequeña dieron como resultado el nacimiento de una preciosa niña. El 22 de Junio de 1999, de parto natural, nació nuestra hija a la que pusimos de nombre Helena.

Recuerdo bien cuando nos la trajeron a la habitación un ratito después del nacimiento, en la cunita, con su carita redonda, un turbantito blanco que le habían colocado en la cabeza y sus dos ojitos negros mirando muy atenta. Salía muy despierta ella. Quizás en esos meses duros de lucha, de espera, de miedo, de esperanza, de apoyo, de unión familiar, de ayuda y de alegría, ella había madurado más de lo habitual.

Viéndolo ahora en la distancia, veo un amor tan profundo hacia ella y a la vez me siento tan querida y apoyada por todo mi entorno en aquel momento que me encanta y me siento muy agradecida.

Lunes, 24 de Febrero de 2020

¡Buenos días mundo!

Pues así, nacida mi niña, comenzamos una nueva etapa familiar.

El primer mes lo viví agotada, Nacho con 2 años y tres meses tenía mucha energía, dormía muy bien y madrugaba mucho. Helena ese primer mes tenía gases que manifestaba a última hora de la tarde y le duraban a veces hasta las tres de la mañana. Cuando a las siete o siete y media amanecía Nacho, no nos había dado tiempo suficiente para descansar. Así que lo recuerdo un poco agobiante por el cansancio y también por enfrentarme a esas noches en las que mi niña tenía ese llanto de dolor que yo no sabía cómo calmar.

Pasamos el verano en Madrid por no desplazarla tan pequeña y el 22 de Septiembre cuando cumplía 3 meses nos fuimos de vacaciones a Lanzarote. Lo pasamos fenomenal, Nacho disfrutó mucho con las actividades para niños que había en el hotel y Helena ha visto fotos y se lo hemos contado, pero dice que no se acuerda y que tenemos que volver a llevarla. La verdad es que pasó gran parte del viaje dormidita, que es lo que suelen hacer los bebés de esa edad.

Los recuerdo tan pequeños y tan perfectos, los mejores hijos del mundo, cariñosos, espabilados, alegres. En fin, supongo que todas las madres ven a sus hijos como los mejores. Es ese amor incondicional que sientes hacia ellos y que no hay nada que pueda igualar.

Y así encendí el piloto de "doble madre" y me focalicé en mis hijos y mi trabajo. Una vez pasado el periodo de baja maternal, me incorporé de nuevo al trabajo. Para eso, preparamos previamente a Nacho, "le hicimos un hombre", le quitamos los pañales para que a sus dos años y medio empezase la guardería perfectamente preparado.

En la guardería lo pasó muy bien, se adaptó rápidamente, jugaba y aprendía mucho y todo eran buenos informes. A Helena la dejamos por un tiempo con sus abuelos como antes habíamos hecho con Nacho.

Afortunadamente, más o menos en la época en que Nacho empezó el colegio y Helena la guardería, a mí me ofrecieron un cambio de empresa y con él aproveché para solicitar un contrato de menos horas y así poder cuidar a mis hijos que era lo que deseaba. Cogía un horario de mañana mientras ellos estaban en el cole y podía dedicarles toda la tarde para acompañarles en sus deberes y actividades.

Así me puse en modo "mujer-trabajadora" y "madre" durante muchos años, focalizada únicamente en dar lo mejor de mí en el trabajo y en centrarme en lo que yo creía que era lo mejor para mis hijos, que tuviesen una sana alimentación, buena higiene, atención en sus tareas escolares y extraescolares (deportes y algo de música) y ocio sano como parque y campo.

Además, el papel de "hija" y "hermana" tampoco lo descuidaba, estaba todo lo pendiente que podía de asuntos familiares e intentaba seguir siendo "buena" y tratando de hacer lo que yo consideraba lo mejor.

Quizás también cuidaba de mis relaciones de amigos estando disponible si me necesitaban.

Con mi marido no recuerdo un esfuerzo especial para ser "buena-esposa", la verdad es que los dos nos focalizábamos en el trabajo y los hijos y ahí dábamos lo mejor que podíamos cada uno en esos momentos.

Claramente nosotros estábamos en un segundo o tercer o cuarto plano.

Martes, 25 de Febrero de 2020

¡Buenos días!

Acabo de presenciar un precioso amanecer, ¡qué regalo!

Una preciosa estampa con el cielo enrojecido que ha durado unos pocos minutos. He pensado que, si no hubiese mirado, no lo habría visto, me lo habría perdido.

¿Cuántas cosas suceden a nuestro alrededor y nos las perdemos por no mirarlas?

Me parece una preciosa reflexión para empezar el día y también para continuar mi historia, porque en realidad me pregunto ¿Cuántas cosas me perdí por encender ese interruptor de "madre", de "buena-madre", de "madre-perfecta", de "madre-histérica"? ¿Cuántas cosas no vi por no mirarlas?

No sé, pero da igual, en estos momentos lo importante es el amanecer que he visto hoy porque he mirado, he levantado la cabeza del teléfono y me he encontrado con ese regalo por unos minutos.

Pasaron los años y vivimos muchos maravillosos momentos en familia, salidas al campo, viajes, paseos en bici, tardes de película en casa o juegos.

Junto a esos momentos de felicidad o relax había también muchos otros de estrés y presión. Tenía unas ideas muy claras y fijas de lo que era "hacer bien las cosas", "conseguir buenos resultados escolares", "ser educado", "comer bien", "quedar bien", "respetar al colegio", "respetar a los profesores". Eran tan rígidas e importantes para mí esas ideas, que no me permitían ver claro y me suponían un gran esfuerzo porque necesitaba controlar todo para que saliese de una manera determinada, "tu manera determinada", que igual es válida para ti, pero no tiene por qué serlo para otros.

Y así fue, esas maneras mías no eran las correctas para otros, me estaba equivocando. Una vez que mi hijo llegó a la adolescencia, esa tensión de querer que las cosas sean como tú las quieres fue insostenible. Todo ese escenario perfecto que me había esforzado en crear se derrumbaba cada día más.

Me sentí frustrada muchas veces por el esfuerzo que yo hacía para que las cosas fuesen de una mamera determinada y luego ver que el resultado no era el esperado.

Aun así, cabezota, me seguía aferrando a creer que yo tenía razón y que eran los demás los que no hacían bien las cosas y que no tenía suerte y no sé cuántas cosas más.

Menos mal que la vida te va endureciendo la situación cada día un poco más hasta que llegó un momento que tuve el gran pensamiento de mi vida:

"Si hago tanto esfuerzo y el resultado es tan distinto a lo que yo deseo, igual me estoy equivocando en algo".

Me sentí sobrepasada y me rendí, comprendí que no sabía lo que tenía que hacer.

Después de estos pensamientos, se lo entregué a Dios.

Iba en el coche a trabajar, a menudo aprovechaba ese momento de intimidad en el coche para tener una pequeña oración de mañana y siempre pedía a Dios que me ayudase a hacer bien las cosas y a ser buena persona. Sin embargo, ese día mi oración fue muy diferente y le dije "mira, igual te vas a enfadar, pero yo me rindo, ya no te quiero pedir más ayuda para hacer bien las cosas ni ser mejor persona porque está claro que yo no sé lo que tengo que hacer".

En aquel momento no lo sabía, pero, por fin, había dado paso al amor, había sido humilde, había reconocido mi error, había soltado el control, me había abierto a que pasase algo diferente.

Jueves, 27 de Febrero de 2020

¡Buenos días!

Ese mismo día, sucedió algo curioso y diferente.

Estando en el trabajo, fuimos a comer y vino un compañero, J.C., con el que yo no había comido nunca antes. Durante la comida, a raíz de que otro compañero dijo que su hijo era celiaco, empezó a explicarnos cómo las emociones nos impactan y cómo se relacionan con lo que pasa en nuestro cuerpo y en nuestra vida en general.

Nunca antes había oído hablar de estas cosas y me pareció que tenía tanto sentido y era tan emocionante que no paré de prestarle atención, como una niña ensimismada y sorprendida, escuchaba y preguntaba. Finalmente, al terminar la comida, como la idea me parecía tan sorprendente como nueva, di las gracias a mi compañero por hablarnos de eso, también le dije que me parecía muy valiente por hablarnos de eso en ese entorno. Estábamos en una empresa de tecnología informática, algo en principio bastante alejado de esos temas.

También le pregunté cómo sabía él todas esas cosas y dónde podía yo aprender más a cerca de ese tema.

Me indicó que había mucha información en internet y libros y me soltó las tres palabras que cambiarían el rumbo de mi vida "biodescodificación" y "Enric Corbera". Tu busca "Enric Corbera Youtube" y hay muchas conferencias, me dijo.

Me fui entusiasmada de esa comida y agradecida con mi compañero, aquello me producía un gran interés.

Había estudiado informática y banca y había pasado muchos años entre ordenadores y sistemas tecnológicos. Y aquello había empezado a saturarme, necesitaba un giro, me apetecía hacer algo más relacionado con lo humano, más de personas y menos de máquinas y procesos de información.

Aunque al final, esto también resultaría ser de procesos de información, de información a mares que es lo que somos y lo que se mueve constantemente. Eso sí, de otro estilo, no necesitamos ordenador ni nada para procesarlo, tenemos todas las herramientas dentro de nosotros.

Haciendo caso de las indicaciones de mi compañero, empecé a buscar en internet como me dijo y encontré efectivamente que había muchas conferencias que podía escuchar libremente.

Agradezco mucho la generosidad de todo el que es capaz de compartir así en un medio que hoy en día es tan accesible y llega a tantas personas.

Escuche una conferencia y luego otra y otra y otra y ya no podía parar de escuchar. No era una escucha vacía o neutra, aquellas palabras activaban mi comprensión, eran conferencias prácticas, yo era capaz de trasladar aquellas ideas y ejemplos a mi propia vida y mis experiencias anteriores.

Y con su aplicación empezaba a comprender, las cosas empezaban a tener sentido, me sentía menos perdida.

Esto sucedió en Mayo de 2016, recuerdo esa fecha con mucho cariño porque esto fue como una segunda oportunidad para mí, una forma nueva de empezar a vivir, disfrutando, sabiendo que todo tiene sentido y que somos directores y actores principales de nuestra película, "la película de nuestra vida".

Viernes, 28 de Febrero de 2020

¡Buenos días!

Empecé a revisarme interiormente, a conectar conmigo, con mis emociones, con lo que había en mi interior. Era algo nuevo para mí, nunca antes había hecho eso.

Comencé por revisar la relación con mi padre y me reconcilié con él a pesar de estar ya fallecido. Esto me dio gran paz, me di cuenta de que había estado viviendo con ansiedad a diario y me había acostumbrado a ello, pero ahora me sentía mucho mejor.

Es antinatural estar enfadado y distanciado con un padre. Nos ha dado la vida, hay un vínculo especial. Nuestra esencia no es el enfado y el resentimiento, nuestra esencia es el amor y todo lo que se distancia del amor o va en contra de él nos hace daño.

Seguía día a día escuchando conferencias de Enric, vi toda su evolución, desde las grabaciones iniciales con menos experiencia comunicativa y menos medios técnicos en las que mostraba una imagen más tímida y centrado más en la relación directa de las emociones con las enfermedades, lo que llamaron biodescodificación, hasta las conferencias más actuales en las que aparecía con gran soltura y experiencia comunicativa. Había evolucionado también, ampliando el foco de observación y aplicación, creando un método con nuevo nombre, Bioneuroemoción®, que podía ser aplicado a cualquier cosa que pasase en nuestra vida y nos estuviese incomodando.

Lo que siempre encontraba en él, desde el inicio hasta ahora, era amor, entusiasmo, ganas de compartir y sentido del humor mezclado con firmeza y franqueza.

Me encantaba la combinación y me aportaba mucho, así que aprovechaba cuando estaba en casa haciendo cosas para escuchar sus conferencias con mi móvil y mis cascos y todo lo que veía que podía aprovechar me lo aplicaba.

Conforme iba poniendo sentimientos "en orden" iba sintiéndome mejor cada vez.

Un día escuché una conferencia que hacían entre Enric y Montse Batló, cuñada y colaboradora suya, se llamaba "La experiencia de ser madre". Al escucharla pude verme perfectamente identificada con la "madre controladora" de la que hablaban. Fue tan horrible descubrir eso de mí como sanador.

Yo hacía tantos esfuerzos por controlar y para que las cosas salieran como yo creía que tenían que ser, que estaba agotada. Agotada, pero seguía y seguía esforzándome por conseguirlo porque creía que eso era lo mejor. Tenía ideas y valores fijos que intentaba defender a capa y espada.

Con aquella conferencia comprendí que no lo estaba haciendo bien y que eso tenía una gran repercusión en mis hijos.

Como soy persona inteligente y que aprende, cambié de actitud. Aún no sabía cómo tenía que hacer las cosas, pero sí había visto que era lo que no tenía que hacer, así que paré, paré de hacer las cosas como las hacía hasta ese momento, paré de exigirme y exigir a los demás, paré de pensar que sabía cómo tenían que ser las cosas, paré de actuar como actuaba.

A veces la gente pregunta ¿qué tengo que hacer? Y es muy sencilla la respuesta "Nada" y ¿Qué significa? Pues que pares, que pares de hacer y hacer, que dejes de controlar, que te rindas, que reconozcas que no sabes nada, que no sabes que es mejor para ti y mucho menos para los demás, que dejes de querer que las cosas sean de una manera determinada, que te abras a la experiencia de vivir y de que todo sea lo mejor posible, que no luches, que lo observes, que aceptes cada situación y aprendas de ella y estés agradecido por la lección y el aprendizaje y que vivas en paz.

Sentí una gran liberación, un gran descanso y una gran paz al cambiar mi modo de actuar, al PARAR.

No voy a negar que también vinieron a mí sentimientos de culpa, de decir "Dios mío, ¿qué he hecho?" ¡Cómo he podido hacerlo tan mal!

Menos mal, que Enric te va dando todas las claves y en las conferencias también había aprendido lo inútil que es la CULPA y el daño que hace. Yo había jugado ya a la culpa muchos años y estaba de acuerdo con él en lo que decía y me lo aplicaba.

La culpa no aporta nada, te hace posicionarte en un papel de víctima en el que parece que no puedes hacer nada. Eres un actor siguiendo un guion aparente ya escrito.

Cuando haces algo pensando que eso es lo mejor, ocurren varias cosas, tienes una intención positiva y además no sabes hacerlo de otra manera. Por tanto, no eres culpable de hacer eso, aunque sí eres RESPONSABLE de las consecuencias de tus actos. Eso es maravilloso, porque asumiendo tu responsabilidad te sitúas en tu papel, en el papel de director, revisando la escena y cambiando el guion si no te gusta para que el resultado sea diferente.

Martes, 3 de Marzo de 2020

¡Buenos días!

Una vez escuchadas y aplicadas las conferencias disponibles en internet, sentí que eso era lo mío, que había dado con la clave, lo que necesitaba para vivir mejor y encontrar el sentido de mi vida y que quería profundizar más.

Busqué la formación disponible en la página de Enric Corbera Institute y vi que en Julio había en Barcelona los dos primeros cursos (según la organización que tenían en aquel momento), Módulo 1 – Bases de la Bioneuroemoción® y Módulo 2 – PNL e Hipnosis Eriksoniana en Bioneuroemoción®.

Decidida a hacer esa formación y tras comentarlo con mi marido, que siempre me apoya en todo y que había vivido conmigo la evolución desde que en Mayo entrase la Bioneuroemoción® en nuestras vidas, solicité vacaciones en el trabajo, hice las reservas necesarias, busqué los viajes y allí fui.

La formación era en Sant Cugat, **Sant Cugat 2016**, así quedaría bautizada aquella maravillosa experiencia.

Yo que nunca me separaba de mi familia y que no viajaba si no era para ir de vacaciones con ellos, veía mi desplazamiento de Madrid a Barcelona yo sola como algo muy grande y de gran valentía. Sin embargo, cuando llegué al hotel, me acredité en el curso y me encontré en una sala enorme con personas de muchos lugares diferentes, de toda España, de otros países y de otros continentes. Me di cuenta de que yo venía de bastante cerca y de lo reducido que había sido mi escenario hasta ese momento, viviendo siempre en torno al lugar de nacimiento y a los lugares de trabajo.

Me di cuenta de cómo eso te limita, te hace creer que todo es de una manera determinada, vives con una visión reducida de lo que hay en realidad fuera de tu entorno porque sólo lo conoces por lo que has estudiado o por las noticias que ves en televisión.

Me encantó la experiencia de estar allí, de compartir curso con esas personas, de formar parte de aquella maravillosa concentración de personas, tan distintas y tan iguales todas.

La formación era muy práctica, o al menos así lo viví yo, que escuchaba de manera activa, aplicándome todo, igual que antes había hecho con las conferencias. También había prácticas en las que compartíamos nuestras historias.

Pronto me di cuenta de que las historias de todos son muy parecidas en realidad, varían cosas en función de la cultura y la interpretación de cada uno, pero el fondo es muy parecido. También me di cuenta de que mis historias, aunque a mí me pareciesen super fuertes y super importantes por ser mías y por cómo me las había tomado, eran en realidad muy suaves comparadas con otras que allí pude escuchar.

Se vivía un ambiente de escucha, de respeto, de apertura, de compartir, de apoyo y de comprensión, tan profundo, que me sentía agradecida, cómoda y super feliz.

Es curioso también como de entre tantas personas con las que allí coincides, conectas con algunas y con otras nada, días de un montón de horas de compartir sala, actividades y demás y podrías verlas y no saber decir si estuvieron allí o no.

Bueno, pues así pasamos el primer curso, muy práctico, con muchas horas de trabajo, compartiendo con personas maravillosas, apoyados y guiados por un equipo profesional y humano estupendo que tiene Enric a su lado y haciendo grandes amigos que pasaron a formar parte de mi vida.

La verdad es que las jornadas de cada día eran agotadoras. Unas 8 horas diarias revisando emociones, algo que yo no había hecho antes en mi vida hasta comenzar con las conferencias.

Me aportó mucho también estar desplazada, me alojaba en el hotel en el que se impartía el curso. Eran idóneas las condiciones porque tras el compartir y compartir durante horas, tenía también mi espacio, mi soledad, la posibilidad de estar conmigo, de revisar cómo me sentía, de encontrarme con una Olga que hacía tiempo que tenía abandonada.

Viernes, 6 de Marzo de 2020

¡Buenos días!

Allí pude darme cuenta de lo desconectada que estaba de mí misma. Yo sola me había anulado al tomar el papel de madre, había dado prioridad absoluta a mi nuevo rol y me había olvidado de mí.

De repente parece que no te conoces, que no sabes con quien estás, que te has abandonado tanto que no recuerdas tus gustos, tus preferencias, tus pasiones. Que no te dedicas tiempo a ti, que no te atiendes y realmente me había sentido mal, agotada, desatendida, abandonada, ignorada.

Nos necesitamos a nosotros mismos, ocupándonos de nosotros mismos y atendiéndonos para satisfacer nuestras necesidades y así estar en condiciones óptimas para poder atender a otros.

A mí eso no me lo enseñaron o yo no lo entendí. Quizás interpreté y aprendí mal porque si miro atrás y recuerdo a mi madre, yo veía una madre entregada a su familia y a sus hijos que se olvidaba de sí misma, que se dejaba siempre en último lugar, a la que nunca le quedaba tiempo para ella misma. Quizás pensé que eso era ser una buena madre y repetí ese modelo que conocía.

La vida me ha enseñado ahora que hay diferentes formas de hacer las cosas y que uno puede compaginar varios papeles y que, sobre todo, no hay que abandonar el papel principal de nosotros mismos, de mirarnos y atendernos.

Me di cuenta también de la dependencia emocional que tenía de mi madre. Descubrí que aquel vínculo que describía en las primeras páginas de cuando era pequeñita y dependiente seguía casi intacto. Había variado porque ya no la necesitaba para funciones básicas, lo había transformado y me había creado necesidades de otro tipo. Sin embargo, la intensidad y la fuerza de ese vínculo seguían intactas.

Entonces me di cuenta de que ya no era necesario y que tenía pendiente "cortar el cordón", madurar, hacerme responsable de mí misma y mi independencia, hacerme una adulta de verdad.

Y me di cuenta de lo difícil que me había resultado ser madre desde ese punto en el que no estaba madura, no era una adulta emocionalmente, no me encargaba de mí. Es difícil encargarte de otros si no eres capaz de encargarte de ti mismo.

Ahora creo que lo óptimo para ser padre o madre es haberte convertido primero en padre y madre de ti mismo. Eso es para mí ahora madurar, crecer, hacerte adulto. Cuando eres capaz de cambiar tu necesidad de papá y mamá, de ser atendido emocionalmente por ellos y te alimentas tú emocionalmente y, así, con ellos puedes mantener una relación de adulto como con otras personas, entonces estás preparado para tener hijos y poder guiarles y poder entender que son vidas independientes y que tienes que enseñarles a madurar y ayudarles a que "corten el cordón" que un día tu supiste cortar.

Es una labor necesaria, o yo lo sentí así, para mí era necesario en ese punto transformar ya toda la relación con mi madre y con mi padre, así que me puse a ello, con paciencia, amor y constancia. No me resultó fácil ni rápido, creo que me ha costado estos 3 años irlo evolucionando, pasando por diferentes momentos y emociones, observándome, comprendiéndome y transformando mi manera de pensar y sentir.

Lo maravilloso es que no necesitas nada del otro para poder transformar tu relación, porque es algo tuyo, interno de cómo sientes, así que no hay excusas, no hay barreras, sólo se necesitan ganas de crecer, de madurar y de hacerse responsable de uno mismo.

Hay curvas por el camino, baches, claros y oscuros, a veces parece incómodo, eso le da emoción también. Lo importante es no perderse, no soltar la guía, el objetivo principal, "yo me hago responsable" y lo voy haciendo paso a paso, responsable de cada curva, de cada bache, de cada claro y de cada oscuro, resolviendo a mi manera y siempre con el ingrediente básico, el que no puede faltar en la mochila de este viaje, el AMOR. Las dosis de amor no pueden faltar, es "la medicina", amor para ti mismo en el desayuno y tantas veces durante el día como lo necesites.

Una vez que empiezas a practicar y a darte amor, dejas de necesitarlo de fuera y a la vez es como que te llega en estado puro porque ya no es algo que necesitas sino algo que atraes por tu nueva manera de actuar.

Empiezas a descubrir una nueva forma de vivir, te puedes alimentar con ese amor, y empiezas a ser capaz de poner amor al observar las diferentes situaciones que se presentan en tu vida.

Y ves la curva venir y sabes que es necesaria y te acomodas a ella y lejos de protestar por la curva, por lo incómoda que es, porque te hace frenar, porque cambia tu ritmo, porque no entraba en tus planes, porque ahora te saca de la línea recta y llegarás más tarde, la acoges con amor, la observas, ves que tú la has puesto ahí, que tienes algo que aprender, que en ese momento no estás preparado para seguir recto, que hay que frenar porque tienes algo que atender y lo atiendes hasta transformarlo y poder continuar.

Y así con cada curva, con cada bache, con cada claro y con cada oscuro. Y cuando empiezas a comprender que cada uno es necesario para ti, empiezas a agradecer, otro ingrediente básico para el camino, el AGRADECIMIENTO, agradeces por cada curva, por cada bache, por cada claro y por cada oscuro porque te das cuenta de que eso es lo que te está haciendo crecer y evolucionar.

Lunes, 16 de Marzo de 2020

¡Buenos días!

Y en todo ese proceso aparecen como regalos del cielo unos "maestros", algunos son personas que ya están en tu vida y otros son personas nuevas, con las que no habías tenido relación antes y que llegan a tu vida con fuerza y suavidad a la vez.

Es precioso, los sientes ahí a tu lado con la intensidad justa en cada momento, con la palabra que necesitas en cada instante, con la pregunta adecuada para que mires hacia dentro y encuentres tu respuesta.

Podría nombrarlos, aunque considero que no es necesario, ellos posiblemente sabrán quienes son y sino no pasa nada. Yo supongo y sé que también he actuado de "maestra" en este periodo y es un regalo, es un regalo tanto cuando tú puedes compartir tu experiencia con otro que tira de ti en el momento preciso como cuando otro comparte su experiencia contigo y tú puedes tirar de él para que siga su camino.

Y te das cuenta con esto de cómo todos somos uno y de que esta película no tiene límite de recursos, se te van dando todos los recursos necesarios que seas capaz de gestionar en cada momento, los perfectos para la escena que toca representar en ese momento y aprendes a observar.

A observar a tus maestros, a observar lo que pasa, a ver la escena desde fuera, en modo director y reconociéndote a la vez como actor principal de la escena y a observar a todos los demás actores que te has puesto y a agradecer a todos su labor, su perfecta representación, la que te hace comprender y abrir tu mente y dar un nuevo enfoque.

Gran responsable de este modo observador que adopté fue otro de los cursos de Enric Corbera Institute.

Tras la realización de los dos primeros módulos en Julio 2016 quedé tan satisfecha que quería continuar con la formación.

En Octubre de ese mismo año, en Madrid, se celebraba el Módulo 3 – Formaciones específicas en Bioneuroemoción® y otro curso adicional llamado Módulo 6 – Resonancias Familiares.

La recomendación de Enric en Julio había sido no hacer en Octubre esos cursos porque necesitábamos tiempo para asentar y asimilar todo lo movido y trabajado en ese momento y no pasaban suficientes meses.

Escuché el consejo con humildad y también cierta rebeldía porque yo que había ejercido siempre el papel de "buena" y eso me había hecho ser obediente, empezaba a jugar a expandirme, a poder salir de ese papel, a poder desobedecer para tomar mis propias decisiones. Y así, pensé cuando lo escuché, bueno, esperaré y cuando llegue Octubre veré cuál ha sido mi evolución y cómo me siento para ir o no ir y decidiré.

Y llegó Octubre, y desde Julio había pasado los mejores meses de mi vida porque todo iba cobrando sentido, poco a poco, suavemente, me dejaba guiar por mi interior y me resultaba sencillo. Así que decidí ir a los cursos de Octubre en Madrid. Arreglé todo para poder coger vacaciones en el trabajo y me inscribí en el curso.

Martes, 17 de Marzo de 2020

¡Buenos días!

Y comencé los cursos, emocionante reencontrarse con personas con las que ya había coincidido en los cursos de Julio.

Emocionante también conocer personas nuevas y poder tener de nuevo esa experiencia de ver personas de tantos lugares del mundo desplazadas para formarse, para evolucionar a nivel personal, con tanta apertura, tanta humildad y tantas ganas de compartir.

Precioso también volver a coincidir personalmente con Enric y su equipo de formación.

El módulo 3 fue intenso, con mucha información de biología y muy práctico también como siempre. Experiencias únicas que no se pueden expresar bien con palabras.

Finalizado ese primer curso, unos van, otros vienen y comenzamos el segundo. Cuál sería mi sorpresa, el formato del curso había cambiado, ya no formaríamos grupos de trabajo dirigidos y guiados por un tutor, trabajaríamos individualmente cada uno con nosotros mismos ejecutando dos papeles a la vez, el "acompañante-acompañado".

Se trataba de auto indagarnos nosotros a nosotros mismos, de explorarnos, de ponernos en ese estado de centro, de poder observar de manera neutra y sin juzgar y a la vez ponerte en el papel más sensible y transparente, el de dejar sentir tus emociones, el de permitir que tu información subconsciente fluya, quitarte el escudo y la armadura, desnudarte, abrirte a encontrar la verdadera raíz que está causando una incomodidad o limitación que exploras.

Para mí no tuvo desperdicio ese curso y no sé cómo agradecerlo, no te dan una teoría, te dan una herramienta para que seas autónomo, para que una vez más te des cuenta de que no necesitas nada ni a nadie, tienes en ti todos los recursos y toda la información.

Si captas eso bien y además aplicas la humildad, el tener también la capacidad de pedir ayuda cuando la necesitas y te dejas guiar por los maestros que van surgiendo, es muy fácil y bonito evolucionar.

Siempre lo dije, cuando terminé ese curso me quedé en "MODO AUTOINDAGACIÓN" para siempre.

Ahí terminé de integrar todo lo que había ido aprendiendo en conferencias y cursos, la sombra, el espejo, el que todos somos uno y por tanto el otro no existe, el no juicio y la responsabilidad 100%.

Y terminar de integrar no quiere decir terminar de trabajar. Ahí empieza un nuevo camino, un nuevo modo de vivir, un vivir con todas esas herramientas, en ese modo "AUTOINDAGACIÓN" en el que te haces responsable de tu vida y sabes que todo lo que te sucede lo estás eligiendo tú y que eres el director de tu película. A veces te sorprendes porque das instrucciones o pides cosas que parece que no son las que quieres y es ahí donde reconoces que las has dado y buscas la razón, el motivo que te lleva a hacer eso. Y te empiezas a conocer, a comprenderte, a sanar tus heridas presentes y pasadas porque el tiempo no existe y puedes ir y venir a tu antojo porque todo es información, información viva que está presente aquí y ahora y que puedes moldear como una plastilina y darle una nueva forma que actualmente te resulte más útil.

Y como he mencionado unos conceptos/herramientas que algunas personas puede que no conozcan, como era mi caso antes de Mayo del 2016, voy a contaros brevemente o largamente, no sé, como salga, lo que significan para mí y cómo los utilizo yo para vivir ahora.

Estos conceptos claves son:

- La Sombra
- El Espejo
- Todos somos uno, el otro no existe
- No Juicio
- Responsabilidad 100%

SEGUNDA PARTE

Miércoles, 18 de Marzo de 2020

¡Buenos días!

¿Qué es para mí la sombra?

Todo lo que no quiero ver y reconocer en mí.

Por ejemplo, siguiendo con mi papel de "buena", todo aquello que yo catalogo como "malo" y que, por tanto, no quiero en mí porque va en contra de poder ser buena, son cosas que no admito, que no me permito ser, que no me permito hacer. Y quizás muchas de esas cosas son geniales y me encantan y me aportarían mucho en determinadas circunstancias. Sin embargo, las he bloqueado, las he colgado la etiqueta de "malas" y de alguna forma las escondo, no las permito salir y eso crea una lucha interna porque a veces me apetecen, pero yo las reprimo.

La sombra es algo contenido, un monstruo en nuestro interior que hemos ido creando nosotros y con el que tenemos que ir luchando para frenarlo, para que no salga, para que no se le vea.

Ese monstruo-sombra es personal de cada uno, cada uno lo construye con todas esas cosas que él ha ido interpretando desde pequeño que no le convienen, ya sea para ser mejor, para que nos quieran más, para ser educado, para lo que sea, da igual. Cuantas más cosas metas a la sombra más grande se hace tu monstruo y más te cuesta mantenerlo oculto.

Esa lucha es, por tanto, personal de cada uno. Aunque hay cosas en la sombra que son comunes a muchas personas porque pueden ser culturales y para la mayor parte de la sociedad o de una cultura en particular ser cosas no permitidas o cosas mal vistas. Todo el que no se ajuste a eso será juzgado a nivel social y eso no nos lo podemos permitir porque para la mayoría de nosotros es muy importante estar socialmente bien integrados, así que esas cosas formarían parte de la sombra de la mayor parte de esa población.

Es curioso como yo tantos años creando, alimentando y conviviendo con mi sobra, no sabía de su existencia, no era consciente de ella. Es un gran peso, un gran trabajo y un gran esfuerzo tenerla controlada y, sin embargo, no sabía que lo estaba haciendo.

Te sientes mal en ocasiones, te enfadas, te superan cosas o te supera la vida en general y no sabes ni por qué.

Un ejemplo práctico: una de las cosas que yo he considerado siempre como de "ser buena" es "ser obediente" y entonces internamente y sin darme cuenta hago una selección y digo "ser obediente" es bueno para mí, me lo quedo. "Ser desobediente" es malo para mí, lo rechazo, lo oculto, no lo quiero en mí, a la sombra.

Sin embargo, yo hago eso en una etapa temprana de mi vida en la que "ser obediente" es hacer lo que me dice mamá sin protestar y lo integro en mí y lo voy arrastrando, siendo obediente en el cole con la profe, con amigas, con el jefe o la jefa.

Y eso que es tan vital para mí cumplir y que en su día me fue útil porque mi mamá me quería mucho por ser buena y así lo manifestaba, o eso entendí yo, porque en realidad mi mamá me quería por ser su hija, empieza a ser para mí una carga porque me limita, porque quizás para "ser obediente" no estoy expresando mi opinión el algunas ocasiones, no manifiesto mi desacuerdo con determinadas situaciones, no aporto mi punto de vista, eso ya no me es útil y me empobrece como persona y no me doy cuenta de dónde viene pero me genera un conflicto interior.

Además, al ser madre yo, como he creado esa asociación interna de "ser obediente" = "buen-hijo" me esfuerzo porque mis hijos sean también "obedientes" y me vuelvo inflexible y autoritaria porque eso es algo muy importante para mí, ahora tengo doble lucha, ser obediente y conseguir que mis hijos lo sean también.

Así, la vida, que es muy sabia, me da un hijo "muy obediente" y otro "muy desobediente", un regalo los dos, un regalo para que yo pueda ver esa incongruencia que he creado en mi interior y pueda aprender y evolucionarlo y transformarlo.

¿Cómo lo transformo? Quitando la etiqueta de "bueno" a "obediente" y la de "malo" a "desobediente", sabiendo que unas veces es útil ser obediente y otras es útil ser desobediente y acoger las dos cualidades en ti y sacar así de la sombra el "desobediente" y pasarlo al lado de la luz y que convivan en armonía tus dos cualidades "obediente y desobediente" y eso te da paz y te hace ser más completo como persona.

Jueves, 19 de Marzo de 2020

¡Buenos días!

¿Qué es para mí el espejo?

El espejo es la herramienta para ver y conocer nuestra sombra. Donde podemos mirar esa parte oculta nuestra que no conocemos.

Y ¿dónde está el espejo?

El espejo está en todas y cada una de las personas y situaciones que se nos dan en la vida. Sobre todo, en aquellas situaciones que nos desagradan mucho o nos agradan mucho porque es lo mismo. Podemos reconocer nuestra sombra a través de lo que nos desagrada, o a través de lo que nos agrada. Sabiendo a que le estamos dando mucha importancia y potenciando, podemos saber también qué estamos queriendo ocultar y controlar.

Siguiendo con el ejemplo de la sombra, si yo me estoy limitando en decir con qué no estoy de acuerdo para "ser obediente", es posible que me encuentre en situaciones, ya sean familiares, laborales o con amigos en las que exista una persona que a mí me incomoda porque siempre opina y siempre está en desacuerdo.

Esa maravillosa persona es mi espejo, me está mostrando cómo yo tengo necesitad de expresar mis opiniones y no me lo estoy permitiendo.

Es muy bonito cuando puedes ver esto y te das cuenta de que cada situación incómoda es una oportunidad de aprendizaje, una oportunidad para dar un poquito más de luz a tu sombra, para conocerla e integrarla.

Ves como conforme vas integrando esas partes tuyas, tu realidad se transforma, dejas de encontrarte en esas situaciones en las que existe una persona desmesurada que nunca está conforme con nada y siempre opina. O bien te encuentras en alguna situación así y ves que a ti ya no te revuelve ni te saca de tus casillas, lo vives en paz.

Igual te puede servir de espejo el polo opuesto, situaciones con personas que nunca hablan, que nunca opinan que están conformes con todo y que se dejan llevar. Generalmente las ves bien porque se ajustan a tu patrón de "obediente" que quieres potenciar, sin embargo, en ocasiones te pueden desagradar también, pensar que son sosas, que no tienen iniciativa propia, que no aportan, ... Eso es un espejo tuyo también que te está mostrando que en el fondo no te sientes bien actuando así porque estás dejando de aportar mucho y de ser enriquecedor por mantener tan potenciada una faceta y negando la otra.

Se trata de buscar un equilibrio, de dejar de juzgar, de dejar de colgar etiquetas de "bueno" o "malo" a las cosas.

En realidad, hay muchas etiquetas que ya las hemos colgado a lo largo de nuestra vida, según la educación y los valores que hemos recibido. Así que se trata de revisarlo y poco a poco ir quitando esas etiquetas y uniendo nuestra "cara buena" o papel que representamos con nuestra "cara oculta", que es nuestra sombra y lo que hemos decidido que no se vea de nosotros.

Otra cualidad que tiene la sombra es que como es algo reprimido, que estamos controlando para que no salga, con lo que estamos luchando para controlar, puede que haya algún momento que nos supere, en que no podamos controlarlo, y entonces sale, pero sale de manera desmesurada porque ha vencido en esa lucha y estamos fuera de control.

Son esas situaciones en las que luego decimos "no me reconozco", no sé cómo he podido actuar así.

Por ejemplo, si yo me suelo callar mi opinión de desacuerdo, ante algo que me parezca una gran injusticia por ejemplo y yo no pueda tolerar porque vaya en contra de otro valor mío o algo así, estaré en la lucha de hablar y no hablar, y si gana la batalla el hablar, posiblemente lo haga de una manera brusca, con unas formas "poco correctas" porque es una expresión que sale de una gran batalla interna, como si descorchas una botella de champán y no hay quien frene ese corcho. Es ese monstruo reprimido, saliendo con todo su potencial.

Esas situaciones también son nuestro espejo, tenemos que reconocernos en ese "no me reconozco", saber que somos nosotros con una necesidad de expresión o lo que sea que estamos negando y limitando. Y dejar salir esa faceta nuestra poco a poco para aprender a sacarla de manera útil siempre que sea necesario y no tendrá necesidad entonces de salir de manera abrupta en situaciones "críticas".

Lunes, 23 de Marzo de 2020

¡Buenos días!

Hoy voy a contar lo que significa para mí "Todos somos uno, el otro no existe".

Para empezar, diré que me resulta complicado expresarlo porque es algo importante, difícil de entender, es algo que uno comprueba y aprende a través de su experiencia.

En realidad, es simple también y está relacionado con lo que hemos visto anteriormente. Los otros son nuestros espejos, los que nos muestran nuestro interior, esa información subconsciente que tenemos, esa sombra y por tanto es sólo a nosotros mismos lo que vemos en cada uno de los otros.

Cada situación que se nos produce en la vida es la escena perfecta de nuestra película en ese momento. Todos los demás son los actores y actrices del momento que nos aportan exactamente lo que necesitamos.

Eso es lo que nos lleva a que "el otro no existe", el otro me muestra mi interior, así que es yo mismo y representa un papel que yo he creado, mi peli, mi guion, mis actores.

Lo mismo pasará con cada uno de nosotros respecto a los demás, está todo perfectamente entrelazado, así que yo seré la perfecta actriz de esas películas de "los otros" y el perfecto espejo para que ellos puedan ver su interior, lo que les gusta de ellos y lo que no, sus luces y sus sombras.

Por tanto, todos somos uno con una única esencia, experimentándonos de diferentes maneras para poder llegar a conocernos, a transformarnos y a darnos cuenta de todo nuestro potencial y de lo completos que podemos llegar a ser el día que seamos capaces de dar luz a toda nuestra sombra, de aceptar e integrar todo dejando de juzgar si es bueno o malo.

Yo practico esto a diario y voy transformando cosas que, por pequeñas que parezcan, son importantes para estar más abierta, más completa, más en paz.

Observo las situaciones que se producen en mi vida, exploro si me traen paz o no. Con lo que no me trae paz reviso qué es exactamente lo que no me trae paz para poder mirarlo de otra forma y comprenderlo y darme cuenta de que es mi interpretación la que me hace vivirlo de esa manera y puedo elegir interpretarlo de otra que me traiga paz y cambio el guion porque para eso soy la directora de mi propia película y eso ya no me encaja, igual me fue útil en un momento determinado y ahora no.

Agradezco su utilidad, la que tuvo en aquel momento y lo libero para poder hacerlo de otro modo.

Todo eso no puedo hacerlo sin "los otros", son mis diferentes versiones, los que me muestran cómo estoy interpretando y qué estoy viviendo.

Si quisiésemos ver un ejemplo, podríamos seguir con los ejemplos anteriores. Cuando decía y "la vida me dio un hijo muy obediente y otro muy desobediente" es totalmente falso, eso sólo les caracteriza cuando yo los miro, porque no es a ellos lo que veo, es a mí misma, a esas dos facetas que tengo tan marcadas y tan diferenciadas por intentar potenciar mucho una e intentar ocultar la otra.

Si hablásemos con otras personas de mis hijos, resaltarían otras cualidades distintas en ellos, no tiene que coincidir con lo que yo veo. Cada uno vemos en los demás lo que necesitamos ver de nosotros mismos.

El otro no existe, todos somos uno.

Gracias "otros" por mostrarme todas mis caras, todas mis cualidades, todos mis defectos, todas mis limitaciones y toda la película que estoy creando.

Miércoles, 25 de Marzo de 2020

¡Buenos días!

No Juicio.

Poco que contar aquí, llegado este punto ya os imagináis que puedo pensar aquí.

Si existe en mi interior el deseo de "ser buena", de "que me quieran", de lo que sea, si el otro no existe y lo que veo en él sólo me muestra lo que hay en mi interior …. ¿qué puedo juzgar?

La respuesta es fácil, NADA, no sé qué hay detrás de la acción de cada uno o de cada situación, lo que si se es que oculta hay una intención positiva y además que eso tiene algo que ver conmigo porque estoy involucrada en esa escena.

Quién soy yo para juzgar si la escena es buena o mala, ya sé que la escena es la perfecta, es la que existe en ese momento y si no me gusta, tengo que revisar algo en mí y transformarlo para que quizás yo vea e interprete la escena de otra forma y quizás pueda crear una escena diferente.

Con estos años de práctica en mi nueva forma de vivir, me he demostrado con creces que no tengo ni idea de nada, de lo que es bueno o malo, de lo que está bien y lo que no.

También he podido ver como lo que sucede en realidad es que todo es perfecto y encaja y es lo que es y lo que necesitamos en cada momento y que se puede interpretar de muchas maneras y que se puede ver lo "negativo" de una situación y también lo "positivo". Y pongo "negativo" y "positivo" entre comillas porque eso ya son juicios, la situación es, las cosas son y a la vez no son porque son sólo mi interpretación, otra persona podría vivirlo y verlo de otra forma.

Con el NO JUICIO nos permitimos también a nosotros mismos poder verlo de otra forma y es muy enriquecedor y pacificador, y puedes ver que detrás de eso que te irrita o te disgusta hay un aprendizaje, una información en tu interior esperando que la mires y la atiendas.

El NO JUICIO se aplica a todo, a los demás y a mí mismo, a cualquier frase, palabra o situación, a cualquier gesto, a todo.

Cuando empiezas a no juzgar, empiezas también a dejar de creerte que tienes razón y entonces se te abre una nueva posibilidad que es la de cuestionar tu punto de vista, la de preguntar, la de revisar que existe otro significado para eso, no sólo el primero que te vino a la cabeza y con eso te enriqueces, te expandes y empiezas a vivir de otro modo. Se te amplía la capacidad de comprensión, cesa la lucha por tener razón, miras con los mismos ojos, pero ves muchas más cosas, cada situación y persona te parecen un regalo, tanto las que te agradan como las que no.

De cada situación o persona que te incomoda sabes que sacarás una información, un poco más de conocimiento de ti mismo y eso no tiene precio, es un enorme regalo que recibes con humildad y alegría.

Cuando no juzgas empiezas a "no saber", no sé si esto está bien o mal, no sé si es bueno o malo para mí, no sé si es bueno o malo para otros, no sé lo que me interesa, no sé nada y eso te libera de estar interpretando e inventando lo que va a pasar. Sé que en este momento vivo una cosa determinada y que la vivo con un lote interior de experiencias, valores, creencias, información de mi especie, historia de mi país, historia familiar, … y todo eso me hace vivirlo de una manera determinada que es exactamente lo que mejor que puedo y se hacerlo en ese momento y no lo juzgo ni me juzgo. Y al no juzgar me permito observarlo de manera neutra y preguntándome para qué estoy viviendo eso así, para qué me he inventado la película de ese modo y es ahí donde me puedo encontrar con la respuesta verdadera de mi interior porque me pregunto sin juicio y con amor. Porque cuando creemos que nos pueden juzgar o criticar nos cerramos, guardamos nuestra opinión real, damos la respuesta socialmente correcta para ser aceptados y eso nos pasa incluso con nosotros mismos.

Sé que este punto puede llegar a ser complicado de entender porque es todo lo contrario a lo que hemos aprendido a hacer desde pequeñitos, desde que somos muy pequeños nos empiezan a decir lo que está bien, lo que está mal, lo que podemos hacer, lo que no, y además nos lo dicen las personas de nuestra máxima confianza, esas de las que dependemos para sobrevivir, así que nos lo creemos y lo integramos y funcionamos en ese formato de manera automática.

Sin embargo, yo he tenido la suerte de poder abrirme a otro modo de verlo, a comprender que no sé, a no limitarle a lo ya aprendido y eso me está dando muchas posibilidades nuevas que me hacen vivir más feliz.

Jueves, 26 de Marzo de 2020

¡Buenos días!

Finamente voy a comentar lo que es para mí "Responsabilidad 100%".

Responsabilidad 100% es la consecuencia de aplicar todo lo que he descrito anteriormente, si todo lo que veo fuera es mi reflejo, si el otro no existe y todos somos uno, y sólo me veo yo en cada situación, ¿quién es el responsable de eso? Yo, acaso ¿hay alguien más?, ya hemos visto que no.

Esto, lejos de ser una carga, es un gran regalo, de repente tu vives tu vida pensando que eres un mero actor, un actor que depende del escenario, del guion, de los compañeros actores y actrices, del maquillador, del vestuario, de las luces, del tiempo que hace ese día, de Dios, de la suerte, que sé yo, podría seguir un buen rato diciendo cosas que buscamos fuera para colgarle la responsabilidad de lo que nos pasa, o así vivía yo antes, y le solemos llamar "culpa", que como le hemos dado una connotación (juicio) negativa, nadie quiere "tener la culpa" o "ser culpable", así que, efectivamente es mejor ponerlo fuera de nosotros. Y claro, eso nos inutiliza, porque si mi vida, una situación en concreto, depende de cosas externas, ¿qué puedo hacer yo? Generalmente poco, aparte de quejarnos y "sufrir".

Pues bien, el regalo es que cuando dejas de usar la "culpa" y pasas a utilizar la Responsabilidad y además experimentas que no tienes un poquito de responsabilidad en tu vida, sino que eres responsable del 100% de tu vida, de repente te conviertes en Director. Dejas de ser sólo actor para convertirte en el Director de tu película y ¿qué diriges? A ti, en realidad todo pasa por ti y así lo he experimentado.

Si una escena no me gusta, la aprovecho para ver que muestra de mí y qué tengo nuevo para conocerme y para reinterpretar y cambiar si eso ya no me es útil y no me gusta el efecto que produce. No me sirve de nada cambiar las luces, cambiar de actores, cambiar de escenario porque yo sigo mirando igual y seguirá sin gustarme, necesito ir cambiando yo, interiormente que es lo que realmente me hace mirar de otro modo y sentirme más cómoda con la escena y saber qué hacer con ella e interpretar mi papel de otro modo.

Quizás en este punto alguien podría pensar, ah pues si eres responsable 100% y eres la directora de tu película, tú decides lo que te pasa en cada momento e igual sólo montas escenas que te gusten.

Y, lo siento, la respuesta es NO, esto no es una película rosa, estática, esto es una película rosa, azul, amarilla, gris, blanca, negra, esto es una película viva. Yo no me conozco 100% así que es súper emocionante irme conociendo paso a paso y haciéndome responsable paso a paso de todo lo que vivo, sin juzgar si es bueno o malo, sabiendo que es perfecto para mí porque es mi vida y puedo observarlo y conocerme con ello y transformarlo si me incomoda, transformándome yo, claro.

Si os acordáis cuando conté ese momento en el que me rendí y hablé con Dios, dije "algo debo de estar haciendo mal".

Creo que claramente ese fue el mejor momento, el origen de la transformación, el momento en que humildemente dejé de pensar que yo tenía razón, sabía cómo eran las cosas y que empezaba a tomar responsabilidad y a intuir que posiblemente la que tenía que cambiar era yo.

Es un regalo muy grande pasar de ser un "sufridor" de lo que te pasa y de tus circunstancias a ser "responsable" de las situaciones porque te permite dejar de "llevar la vida" para empezar a VIVIR TU VIDA. A veces hasta decimos "así es la vida" con resignación, como que no podemos hacer nada. No es real eso, somos muy capaces de hacer cosas, sólo que como creemos que lo estamos "haciendo bien" y que "hacemos todo lo que podemos" pensamos que no hay nada más que podamos hacer y sí lo hay.

Me doy gracias por haber tomado el papel de "Directora de la película de mi vida", me lo estoy pasando bien, lo que hago tiene ahora más sentido para mí y es muy emocionante, me da mucha paz y me permite VIVIR escena a escena, momento a momento sin inventar capítulos futuros, centrándome en el que estoy viviendo en este momento. No quiero prever el capítulo de mañana porque mientras invento ese, que no sé si será así o no, me pierdo este, este capítulo, el que está sucediendo ahora mismo y se llama VIDA.

Esto es una elección personal, nadie depende de otros ni de ninguna circunstancia externa para tomar el control de su vida, hacerse responsable y cambiar la forma de mirar las cosas y empezar a VIVIR de otra manera. Eso sí, tiene que estar dispuesto a cambiar él, a cuestionarse todo, a empezar de cero cada día y cada minuto, sabiendo que no sabe nada porque lo que aprendió ayer pudo ser para esa circunstancia concreta y hoy puede que no sea válido y haya una opción mejor.

Por favor, no cojan este camino y esta forma de vivir aquellos que quieran estabilidad en sus vidas, creer que tienen el control, pensar en hacer cosas para el futuro, porque no sirve este formato.

Este formato es VIDA pura instante a instante amando todo como sucede, sin estabilidad, aceptando y amando esa incertidumbre, sabiendo que si esto que tengo hoy me gusta puede que mañana ya no esté y ya no sea así porque me toca vivir algo que me aportará aún más y será mejor para mí y pasaré página con lo de ayer y me ocuparé de lo que tengo hoy, de vivirlo sin rechazarlo, sin nostalgias de lo que tenía ayer y sin inventarme un mañana que ni siquiera sé si llegará.

Es apasionante y pacificador vivir así para mí y me encanta compartirlo. Posiblemente alguno que lo lea puede pensar que son locuras, pero su alma sabe de qué hablo.

Lunes, 30 de Marzo de 2020

¡Buenos días!

Pues después de contaros esos nuevos principios o herramientas con las que empecé a vivir, os diré que cuánto más los usas más atento estás, más profundo vives, más te vas convirtiendo en director, productor y todo de tu propia película.

Y claro, es inevitable que en tu película que antes a veces parecía estancada, que cuando te preguntaban "¿qué tal?" respondías con frecuencia "bien, como siempre" se produzcan cambios. De repente has empezado a vivir y a experimentar y empieza a desaparecer ese "bien, como siempre" y empiezas a tener cosas nuevas que contar de tu vida, de los cambios que haces, de cómo te sientes.

Es importante esa nueva faceta que se adquiere de poder ver cómo te sientes con las cosas y además te permites expresarlo.

Si continúo un poco con mi peli y su evolución, os diré que estaba cansada del trabajo que realizaba, llevaba muchos años trabajando en informática, empresas de tecnología y necesitaba algo más humano, que me favoreciese y facilitase el contacto conmigo misma que tanto estaba necesitando. Así que poco a poco empecé a explorar esa vía de salir de mi cómodo trabajo, esa posibilidad de perder la seguridad que él me daba, de trabajarme todas esas creencias y mensajes que había recibido desde pequeña, "el trabajo es para toda la vida", "la importancia de la antigüedad en la empresa", "la jubilación", montones de cosas que nos pesan a la hora de dar un paso para dirigirte hacia donde quieres ir, son como cadenas a las que tú te has atado y no te permites soltarte a pesar de tener la llave en el bolsillo porque aunque estás triste ahí atado y no te sientes bien, no dejas de repetirte a ti mismo que no te puedes soltar porque eso es lo mejor para ti. Que absurdo, ¿verdad?

Pues así estaba yo, atada a una gran empresa, a la que le estoy agradecida, haciendo cosas que no me parecía que fuesen útiles, con procesos densos y pesados que a mí me parecían poco operativos. En fin, dedicando una gran parte de las horas del día que no estaba en la cama a algo que no me apetecía.

Cuando pude ir soltando poco a poco esas cadenas, liberando el miedo, eligiendo que quería vivir, vivir haciendo cosas que me gustasen y me llenasen a pesar de no sentirme segura, a pesar de no saber exactamente a qué me dedicaría ni cual sería mi nueva ocupación, pude agradecer mi trabajo y soltarme, dejando atrás esa gran empresa, esa seguridad, esa estabilidad futura, para sentirme libre, empezar a caminar hacia otros sitios, hacia nuevas experiencias, hacia mi interior lo primero. Fue una gran prueba más de soltar el control, de confiar, de saber que estoy segura conmigo misma haga lo que haga, de saber que no necesitamos nada concreto para estar a salvo porque lo tenemos todo, tenemos vida, que es lo principal y luego sólo tenemos que usar amor para querer vivirla y todo lo demás te llega sólo, experiencias, personas, trabajos, lo que haga falta, se despliegan todos los actores, escenarios y decorados ante ti, las melodías perfectas, las luces, las sombras, no te falta nada para poder ir viviendo tu película y observándola para irte conociendo y transformando.

Viernes, 3 de Abril de 2020

¡Buenos días!

Ahora, después de pasados casi 4 años desde que tomara aquella decisión, veo que, al abrirme a soltar mi trabajo estable, abrí nuevas puertas, nuevas posibilidades.

En estos cuatro años he pasado por diversas situaciones, todas muy enriquecedoras.

Periodos de no trabajar, de poder dedicarme más horas a esa evolución personal y estar centrada y cinco trabajos nuevos, todos ellos me han enseñado mucho y me han permitido conocer nuevas personas y nuevas capacidades mías. Una aventura laboral y personal que no habría sido posible si me hubiese abrazado a mi empresa estable y me hubiese quedado en la rutina y la resignación de hacer eso porque era "lo que tocaba", "lo esperado", "lo correcto".

Estoy agradecida por aquella elección y con haber podido cambiar de escenario.

Una vez dejado mi trabajo, continué con mi desarrollo personal, practicando en mí todos esos conceptos y filosofías de vida que expliqué anteriormente, observando, auto indagándome, comprendiendo, reinterpretando y dando amor a distintas escenas de mi vida que se habían quedado atascadas, oscuras, tapadas con un manto de dolor y miedo.

Es bonito cuando puedes revisarlo, levantar ese manto de dolor y miedo y ver con unos ojos nuevos y con nuevas experiencias aquella escena, y hacer algunos retoques, nuevas interpretaciones, nuevos colores, una luz diferente y ves que aquella escena que habías tapado porque no te gustaba, ahora puede tener sentido, la destapas y la dejas que forme parte de la película de tu vida para avanzar de una manera más completa y también más ligera, porque esa escena puede quedar realmente atrás, en el pasado al que pertenece, ya no es necesario cargarla día a día para que no se destape. Qué bonito poder usar todas tus nuevas capacidades y herramientas para revisar escenas.

Como parte de ese camino de crecimiento personal tuve también la gran suerte de asistir a un taller en Barcelona llamado "El arte de acompañar" guiado por Lourdes Gironés, Esther Freixa y Esther Campillo, no exagero si os digo que ellas son como 3 hadas madrinas, totalmente mágicas. Para que nos situemos, esto fue en Enero de 2017. Fue un auténtico lujo porque asistimos sólo 7 personas y eso nos permitió estar todos muy conectados, se creó un ambiente realmente mágico.

Adquirimos nuevas capacidades para mantener nuestro centro, para conectar de verdad con las personas cuando les acompañamos a ellos a revisar alguna situación que nos han solicitado, a integrar toda la energía mental con lo físico. Fue una semana de convivencia y trabajo fantástica y una experiencia de vida inolvidable. Un capítulo muy chulo de la peli que viví como una niña pequeña, con ilusión, con los ojos muy abiertos, con muchas ganas de aprender y con muchas ganas de participar, quitándome todos los prejuicios que había ido acumulando.

No me extiendo más porque esas vivencias en muy difícil contarlas, tienen el significado que tienen para cada uno de nosotros y es algo profundo. Las palabras se quedan pobres para describir algunas cosas.

Después de participar en el taller, sí me nacieron las ganas de empezar a compartir mi evolución y mi aprendizaje con otras personas y a hacer acompañamientos a otros para tratar de liberar sus bloqueos e incomodidades.

Es algo a lo que me he dedicado desde entonces. Aunque no lo he hecho con un gran número de personas, cada experiencia ha sido maravillosa y un auténtico regalo para mí. Esa apertura de las personas compartiendo sus historias contigo y esa capacidad mía de escuchar sin juzgar, es lo que te da la auténtica capacidad de ir a cualquier sitio, a buscar cualquier tipo de información, a poder ver diferentes interpretaciones y reescribir cualquier escena.

Miércoles, 8 de Abril de 2020

¡Buenos días!

Otro cambio importante que hice en mi vida fue cambiar el escenario por completo, irme a vivir al campo.

Julián y yo empezamos por comprarnos una casa en un maravilloso pueblo que habíamos conocido unos años antes, por motivos de trabajo, en Segovia. Y seguramente ahora alguien puede pensar, claro, pero no todo el mundo tiene dinero para comprarse una casa. Nosotros tampoco lo teníamos, para apostar por esa casa en el campo tomamos la decisión de vender nuestro piso de Madrid y quedarnos en Madrid de alquiler. Del piso de Madrid aún nos quedaba hipoteca por pagar y con eso más lo que pagábamos de comunidad prácticamente pagaríamos un alquiler en Madrid y comprábamos la casa de Valsaín sin hipoteca.

Son opciones creativas que se te ocurren cuando te abres a experimentar cambios en tu vida y dejas de aferrarte a aquella historia que escribiste desde el principio, pasas de tener un guion rígido que seguir a escribir el guion día a día en función de las circunstancias y de las experiencias que vas viviendo.

La casita era perfecta, no muy grande, pero con espacio suficiente y cómodo para vivir, un trocito de jardín pequeño, ideal para tener poco trabajo y a la vez disfrutar de un minihuerto y algunas plantitas, ubicada en un lugar estratégico en el pueblo, que a nosotros nos encantó, junto a la iglesia, al lado de la parada del autobús, frente al polideportivo, en fin, el sitio ideal.

Y, por último, el maravilloso entorno, precioso y enorme bosque, un rio, impresionantes montañas, praderas con caballos, olor a leña, silencio profundo, cantos de pájaros. ¿No os parece de cuento lo que estoy describiendo? Igual estábamos cambiando tanto el escenario que aquello pasaba de ser una película a ser un cuento, no lo sé ... y ¿por qué no?

Me encana esta expresión "¿y por qué no?", antes yo debía tener un buen motivo para hacer algo, un motivo estructurado, justificado, que se ajustase a "lo estándar", a "lo correcto", a "lo esperado" y parece que eso te da seguridad, pero en realidad te limita y te hace perderte muchas cosas.

Ahora cuando se me ocurre una "idea loca" prefiero preguntarme ¿y por qué no? Y se te quita el miedo, ves que no hay tantas razones importantes que te impidan hacerlo, realmente estamos aquí para vivir y experimentar. A mí por lo menos, este formato me hace sentir más viva y vivo con menos esfuerzo. He cambiado el esforzarme para vivir, de acuerdo a un guion rígido, por disfrutar de vivir con un guion que escribo día a día.

Y así, con el ¿por qué no?, hicimos la operación, vendimos nuestro piso a una pareja encantadora que, gracias a nuestra decisión, encontró la casa en la que montar su hogar. Alquilamos un piso al lado del anterior para que el cambio fuese menos brusco, en realidad nos gustaba la zona en la que vivíamos, era nuestro barrio de toda la vida, tranquilo para ser Madrid, con buenas zonas verdes cerca, muchos servicios, familia y amigos. Y compramos la casita de Valsaín a una familia encantadora que, gracias a que también hizo un cambio en su vida, nos cedió aquel maravilloso lugar que había sido su hogar durante muchos años y a los que estamos muy agradecidos.

Así, con alegría, montamos nuestras 2 casas nuevas, la alquilada en Madrid y la del campo.

Y con ello comenzamos una nueva etapa de nuestras vidas. Vivíamos en Madrid durante la semana y pasábamos los fines de semana en Valsaín, disfrutando del silencio, del canto de los pájaros, de los paseos por el bosque, del sonido del río y de los ratos con buenos amigos que ya teníamos allí.

Así estuvimos un año, haciendo nuestra maletita cada viernes, llegando ilusionados a cenar a nuestra casita y perdiéndonos en aquellas sensaciones de paz y bienestar. Disfrutando y agradeciendo todo lo que estábamos viviendo.

Cuando llegaba el Domingo por la tarde, recogíamos y volvíamos a Madrid. Lo vivíamos tan centrados, que en realidad no sabíamos si llevábamos allí 2 días o una semana o más. No nos apetecía irnos, aunque volvíamos contentos sabiendo que también estábamos felices en nuestra casa de Madrid y que íbamos a vivir la semana con alegría y disfrutándola.

Eso era uno de los cambios que yo había experimentado también en mi vida. Había pasado de apreciar sólo los fines de semana y las vacaciones a apreciar cada día y cada instante. Y eso te llena y te hace estar más feliz con tu vida.

Recuerdo cuando estaba en el formato "Qué horror, lunes", "A ver si llega pronto el viernes", como se me pasaban rápidamente los días y las semanas. El fin de semana, tan ansiado, también volaba y era como si no me diese tiempo a hacer nada. Ahora lo entiendo, si limitas tanto los días que aprecias, en realidad es como si no quieres vivir, estás despreciando una gran cantidad de vida y de tiempo y a la vez quejándote de que no tienes

tiempo suficiente para hacer lo que quieres,
curioso, ¿no?

Lunes, 13 de Abril de 2020

¡Buenos días!

Y así sucedió, que después de un año enamorándonos del bosque, nos dimos cuenta de que preferíamos vivir allí y así, dejamos la casa de alquiler de Madrid para quedarnos a vivir en nuestra casa de Valsaín. (Noviembre 2018).

"Casualmente" en aquel pequeño pueblo me esperaba uno de esos maestros que antes comentaba, una gran mujer que también se había formado en Bioneuroemoción® con Enric Corbera y algunas cosas más. Pilar Inclán, una compañera de viaje y evolución, un tesoro con el que empecé a compartir talleres que ella impartía, a conocer personas estupendas con las que aprender, a dar paseos por el bosque y a conversar, y reflexionar a la vez que tomábamos algún que otro té.

En la distancia, por supuesto, seguía teniendo más guías y puntos de apoyo. Hoy en día estamos muy conectados con las tecnologías y estas conexiones se pueden utilizar para cosas muy interesantes.

Estoy muy agradecida a Pilar y a todos los demás grandes maestros que no nombro. Y también estoy agradecida a todos los maestros "secundarios". No sé cómo llamarlos, "secundarios" se queda corto, en realidad todos son principales y ahora me estoy refiriendo a todas y cada una de las personas con las que me cruzo en mi vida, a todos los actores de mi peli, aunque sólo salgan un instante.

Llega un punto en el que te das cuenta de que cada gota de información cuenta y forma parte del escenario perfecto, y cada persona que aparece en tu vida es un maestro para ti, igual que tú lo eres para él.

Es muy bonito y enriquecedor vivir así, aprendiendo de todo y de todos, conociéndote, aceptando las experiencias que van apareciendo en tu vida y comprendiendo qué sentido tienen para ti y qué lección puedes aprender con ellas.

Pues así, situada en el entorno perfecto y rodeada por las personas perfectas, he pasado el último año y medio de mi vida.

En este periodo he aprovechado también para volver a estudiar y para retomar mi vida laboral. Eso sí, una vida laboral abierta, sintiéndome capaz de realizar cualquier función que aporte socialmente y con la que me sienta bien.

Gracias a esta apertura y a no buscar nada en concreto y a buscar todo a la vez, el último trabajo que he tenido es en una óptica en Segovia y me encanta.

Tengo mucha relación con personas, un regalo para mí, y me encanta poder combinar la salud visual con la estética y, sobre todo, ayudar a las personas en el proceso de elección de su gafa, probar y probar con ellos, darles una alternativa tras otra hasta ver que se encuentran a sí mismos, que se gustan, que están cómodos y convencidos, y que se van felices con su elección. Y algunos se enfrentan al proceso con ilusión y otros con desánimo y a mí me da igual, todos son un regalo para mí y una oportunidad para darles lo mejor de mí en ese momento y darles justo lo que ellos piden y requieren en ese momento.

Ciertamente mi deseo de pasar de un entorno tan tecnológico a uno más humano se ha cumplido. Y lo agradezco y lo disfruto.

Como con cualquier trabajo, también he ganado una segunda familia claro, esas personas del equipo con las que compartes muchas horas a la semana, todas fantásticas y mostrándote, cada una, una parte de ti.

Cuando vuelves al mundo laboral así, sabiendo que cada cosa habla de ti, que el otro no existe y, por tanto, eres incapaz de juzgar a otros, todo es diferente. Ya no tienes un "duro trabajo", ya tienes una oportunidad más para evolucionar y dar lo mejor de ti, ya tienes una experiencia más de vida.

Agradezco mi trabajo y todas las personas con la
que me estoy encontrando en él.

Miércoles, 15 de Abril de 2020

¡Buenos días!

Hoy me he levantado con un precioso día gris, está lloviendo y el cielo con un tono gris clarito muy uniforme.

Doy gracias por la visión que tengo de este día y por como lo voy a disfrutar.

Antes no me gustaban los días grises, protestaba por la lluvia, decía que me deprimían esos días. Una idea equivocada más, el día no me deprime, no tiene capacidad para hacerlo, ni la lluvia puede deprimirme ni el sol alegrarme.

Soy yo, la protagonista, la que elige que papel hacer, si alegre o deprimida.

Soy yo, la que antes juzgaba y había hecho una asociación de sol igual a bueno ("buen día") y lluvia igual a malo, "hace mal día", ¿os suena?

Ahora borro esas asociaciones y hago más asociaciones nuevas, sol igual a día maravilloso para vivirlo y disfrutarlo. Lluvia igual a día maravilloso para vivirlo y disfrutarlo.

Igual que el lunes, martes, miércoles, jueves, viernes, sábado y domingo. ¿Qué más me dan esos nombres ahora? También los traduzco todos iguales como "día maravilloso para vivirlo y disfrutarlo".

Y cuando digo para vivirlo y disfrutarlo es en sentido amplio, con todo lo que traiga, me guste más o menos, porque eso es vivir.

Así que hoy puedo mirar al cielo y verlo bello así de gris y puedo disfrutar del sonido de la lluvia y puedo agradecer porque sé que el campo se está regando, el río cogiendo agua y el ambiente limpiándose. Y me adapto y lo disfruto y ya no estoy en contra de lo que está sucediendo, al contrario, me siento parte de ello, estoy viva al no rechazar la lluvia y formo parte de ese maravilloso universo.

Y parece que el cielo escuchase y agradeciese mis palabras porque según escribo se anima más y más y el sonido de la lluvia es más fuerte. Parece que me diera las gracias por el respeto que muestro ahora.

Y según he expresado esto, ha vuelto a su ritmo suave.

Pues bien, hasta ahora he contado un poco cómo he llegado hasta aquí. Poco a poco hemos hecho un recorrido y hemos llegado al gran momento actual.

Eso es lo importante, el momento actual porque es lo que tenemos hoy para vivir, un escenario concreto, unos actores y actrices que nos acompañan, unas circunstancias, un decorado. Y ¿qué es lo más importante de todo?

Que nosotros somos los guionistas, directores, actores principales y secundarios de esa película y que podemos interpretarla como queramos y que podemos elegir qué papel hacer y sobre todo cómo sentirnos.

Yo hace tiempo que elegí vivir en paz y aceptando. Y eso me hace poder vivir intensamente y tener más capacidad para ir observando y reescribiendo lo que no me gusta.

Os diré que mientras escribía todo esto, hace ya un mes, a causa de la expansión de un virus, que han llamado Coronavirus, se declaró un "Estado de alarma" y se "paró el mundo".

De repente, la película dio un giro inesperado, apareció ese nuevo elemento, el virus, atacando a las personas y propagándose a través de las personas. Unas personas se lo pasan a otras y lo llamamos contagio.

Algunas personas terminan aquí la película y mueren por el virus.

Los papeles de casi todos han cambiado para adaptarnos a este nuevo elemento.

Al ver el número de contagios y el número de muertes, los gobiernos deciden proteger a la población poniéndola a salvo en sus casas y evitando al máximo posible el contacto entre personas para que no se puedan pasar el virus de unas a otras.

Se han clasificado los trabajos de una nueva manera. Ahora hay trabajos que se pueden hacer desde casa y trabajos que no. El que tiene un trabajo que puede hacer desde casa, sigue haciéndolo.

Los trabajos que no se pueden hacer desde casa se clasifican en "necesarios" y "no necesarios". Los "necesarios" han quedado reducidos a unas cuantas profesiones (sanitarios, servicios de emergencia, alimentación, suministros). Los que tienen esas profesiones o en este momento tenía trabajo de ese tipo, pueden trabajar e incluso muchos trabajan más que antes. Los que no trabajan o trabajan desde casa han empezado a aplaudir y agradecer a los que trabajan porque están fuera de sus casas, con más riesgo, haciendo que "lo necesario" siga funcionando para todos.

Ahora lo miro así todo unido y lo veo como una gran familia, cada uno con su función y apoyándose unos a otros.

Como en todas las familias, también están los que protestan, los que eligen ver la parte negativa, los que critican a los demás cuando ellos nunca se han visto en una situación similar y no saben si lo harían mejor.

Y veo que eso me pasó a mí también en algún momento de mi película. Juzgué y critiqué a mis padres por las cosas que según mi opinión "hacían mal" cuando yo nunca había estado en su lugar y no sabía si yo lo sabría hacer "mejor".

En realidad, me he dado cuenta de que yo lo hice exactamente igual que ellos, con Amor y con Miedo, con los recursos que tenía en ese momento y lo mejor que sabía. Y les he comprendido, y me he comprendido a mí también con mis errores y por eso creo que estoy viviendo ahora esta situación en paz y sin necesidad de juzgar a nadie.

Simplemente observo, veo si puedo aportar algo a la situación, disfruto y sigo viviendo.

Hoy hace exactamente 32 días que estoy en casa, que mi trabajo paró su funcionamiento habitual para atender sólo urgencias que cubre una de mis compañeras.

También se pararon el resto de actividades que hacía y se limitó la posibilidad de salir de casa.

Ahora puedo salir a comprar y a que los perros hagan sus pises y cacas.

Comprendo la situación, comprendo que se tomen medidas, comprendo que unos lo vivan de una manera y otros de otra, comprendo que es necesario que sea así, necesitamos el equilibrio, las polaridades, los espejos que nos muestren nuestros miedos y nuestras incoherencias.

He disfrutado mucho estos 31 días en casa y me he dado cuenta de que soy muy casera, muy de estar a gusto en casa y por eso no siento que mi vida haya cambiado tanto. Me he dado cuenta de que he elegido bien mi escenario para pasar por esta aventura. Mi entorno en el campo es fantástico, la casa en la que vivo es cómoda y acogedora, la persona con la que comparto este periodo es la perfecta, los perros un regalo para poder salir a la calle y una fuente inagotable de cariño con sus abrazos y lametazos.

También he aprendido a gestionar mejor la comida. Aunque se puede ir a comprar libremente, yo me puse el objetivo de ir lo menos posible y me encanta organizar los alimentos para que nos duren el mayor tiempo posible, y estamos disfrutando mucho de todo lo que comemos, de nuestros momentos de sentarnos a comer o a merendar.

También he cogido un nuevo hábito que yo antes no tenía. Antes me levantaba y lo primero que hacía era desayunar. Ahora me he acostumbrado a prepararme la ropa por la noche y ducharme nada más despertarme, con lo que ya bajo vestida a desayunar y me gusta.

Además, he jugado con el despertador, he seguido madrugando con el despertador porque es una de mis costumbres tanto si trabajo como sino y también he jugado a apagarlo, a probar a no madrugar o, al menos, a no despertarme con despertador.

Y puedo hace unos días una cosa y otros otra sin que eso me cause malestar y si me lo causa es un momento estupendo para atenderlo y flexibilizar conmigo misma.

En definitiva, aunque pueda parecer raro, vivo cada día ilusionada, ilusionada con vivir, con vivir el día presente, ahora en casa y no por eso tengo menos vida o menos posibilidad de hacer cosas.

Tampoco veo que estemos aislados, hoy en día con la tecnología estamos conectadísimos con montones de personas incluso de otras ciudades y países. Y algunos por este "aislamiento físico" se han puesto muy intensos en esa vía de comunicación tecnológica y tampoco me importa porque tengo la capacidad de elegir, de elegir qué atiendo y que no, qué ratos paso con el teléfono y qué ratos prefiero no hacerle caso y centrarme en otras cosas.

También aprovecho para estudiar más, para hacer labores de costura que me permite crear diseños y hacerlos realidad.

Es bonito para mí porque reconozco con ello a tantas labores artesanas del pasado, las enseñanzas de mis abuelas y de mi madre y también me permito aportar mi originalidad, mezclar las técnicas que tradicionalmente iban separadas, poner mi amor y mis propios gustos en lo que hago.

Me estoy dando cuenta según lo digo que, generalmente, hago estas creaciones para otras personas, para regalar. Es una manera de dar amor y posiblemente también de recibirlo porque luego expresan lo que les gusta y te lo agradecen.

Quizás es momento de que haga una creación para mí, piense en lo que me gusta y lo cree con mucho amor para mí misma.

Y me parece un final bonito para este libro que he titulado "la película de mi vida" porque ya os habréis dado cuenta de que todo es relativo, de que otras personas contarían mi vida de otra manera, mostrarían escenas en las que yo no me he detenido o ni he nombrado.

Esto es sólo una versión de los hechos, es irrelevante en realidad porque ya pasó. Sólo importa este instante, según voy escribiendo siento como cada palabra ya es pasado y tengo un nuevo instante para vivir.

Gracias por la vida, gracias infinitas a todos los actores de la "película de mi vida" aunque sólo hayan estado un instante, aunque ni nos hayamos hablado y a veces incluso ni nos miremos, gracias.

Me gusta vivir sabiendo que cada día es una aventura con nuevas posibilidades y que las cosas que hoy no comprendo o que parece que no me gustan tienen un sentido para la película global.

Gracias Olga por escribir este guion, por reescribir la película de tu vida, me has hecho disfrutar haciéndolo.

TODOS SOMOS UNO. EL OTRO NO EXISTE.

GRACIAS "YO". GRACIAS "OTROS".